调研的出发点
调研的主要目标
调研的基本思路
调研的内容呈现与团队构成

乡村旅游振兴"齐鲁样板"研究
乡村旅游"郝峪模式"
旅游融合"五山谷模式"
休闲旅游"代村模式"
旅游扶贫"竹泉模式"
乡村公共文化服务振兴"齐鲁样板"研究
菏泽市公共文化服务建设特色
青岛西海岸新区乡村社区公共文化服务体系
山东曲阜现代公共文化服务模式
乡风文明建设"齐鲁样板"研究
山东邹城后八村乡村孝德文化建设案例
山东邹城唐村乡贤治理模式案例
山东青州南小王村乡风文明建设案例
山东临沂常山庄村红色文化典型案例
乡村文化产业振兴"齐鲁样板"研究
三涧溪村文化产业典型案例
麻店鑫诚田园综合体典型案例

乡风齐鲁

山东乡村文化振兴"齐鲁样板"调研报告

潘鲁生 主编

中国文联出版社

序言

《乡风齐鲁——山东乡村文化振兴"齐鲁样板"调研报告》系中共山东省委宣传部 2018 年宣传文化基金资助项目。在省委宣传部的支持下，由山东省社会科学院、山东大学、山东工艺美术学院专家组成课题组，开展了深入调查研究。本项目主要在客观翔实的调研数据基础上对新时代山东乡村文化振兴的发展经验做出梳理和总结，对乡村文化振兴"齐鲁样板"的基本内涵、核心价值和示范意义进行研究，以期进一步把握乡村振兴的文化基础和动力机制，发挥文化助力生产、润泽民生、驱动发展的深层作用。

一、调研的出发点

党的十九大做出"实施乡村振兴战略"的重大决策部署，明确提出"产业兴旺、生态宜居、乡风文明、治理有效、生活富裕的总要求"[1]和"统筹推进农村经济建设、政治建设、文化建设、社会建设、生态文明建设和党的建设"[2]任务，作为决胜全面建成小康社会、全面建设社会主义现代化国家的重大历史任务，作为新时代"三农"工作的总抓手，具有重大意义。习近平总书记在参加十三届全国人大一次会议山东代表团审议时指出，希望山东的同志再接再厉，在全面建

---

[1] 习近平：《决胜全面建成小康社会 夺取新时代中国特色社会主义伟大胜利——在中国共产党第十九次全国代表大会上的报告》，人民出版社 2017 年版，32 页。
[2] 中共中央、国务院印发《乡村振兴战略规划（2018—2022 年）》，新华网，2018 年 9 月 26 日。

成小康社会进程中、在社会主义现代化建设新征程中走在前列，全面开创新时代现代化强省建设新局面。要深刻认识实施乡村振兴战略的重要性和必要性，扎扎实实把乡村振兴战略实施好。[1]

为了深入贯彻落实习近平总书记对新时代山东工作的总要求，聚焦"两个走在前列、一个全面开创新局面"目标定位，坚定不移走中国特色社会主义乡村振兴道路，山东省提出"打造乡村振兴的齐鲁样板"，省委、省政府出台一系列政策措施，全面统筹部署。具体包括以下重点：一是出台《山东省乡村振兴战略规划（2018—2022年）》和《山东省推动乡村文化振兴工作方案》等系列方案。包括《山东省省级乡村文明行动建设示范工程资金管理办法》《山东省美丽村居建设"四一三"行动推进方案》《山东省新旧动能转换现代高效农业专项规划（2018—2022年）》《关于加快全省智慧农业发展的意见》《山东省打好农业农村污染治理攻坚战作战方案（2018—2020年）的通知》《山东省乡村振兴重大专项资金管理暂行办法》等，搭建起推进乡村振兴的"四梁八柱"。二是编制试点村庄乡村振兴发展规划。将乡村振兴与美丽乡村建设、农村人居环境整治、农村"七改"、脱贫攻坚等工作相结合，因地制宜编制村庄规划目前完成1300多个试点村庄规划编制。三是搭建乡村振兴典型示范平台。具体注重"点、线、片、面"结合，在"点"上重点创建美丽乡村示范村，"片"上重点实施乡村振兴齐鲁样板示范区创建，"面"上实施乡村振兴"十百千"工程，集聚资源要素，有序推进建设，带动实现整体提升。四是大力发展乡村文化旅游产业。山东省各地区注重做好文旅

---

[1] 习近平总书记参加十三届全国人大一次会议山东代表团审议时的讲话，新华网，2018年3月8日。

融合，培育一批乡村旅游集群片区、精品旅游小镇，推出乡村旅游精品线路，串联乡村旅游规模化村庄和乡村旅游精品景区。五是做好乡村人居环境整治，提升乡风文明程度。包括实施农村人居环境整治三年行动计划，改造农村无害化卫生厕所，实现农村生活垃圾无害化处理全覆盖，以及建设新时代文明实践中心、建设全国文明村镇等。六是保护乡村优秀传统文化。持续推动乡村记忆博物馆建设、实施地方戏保护工程、开展乡村非物质文化遗产保护利用，发挥优秀传统文化淳化民风的积极作用。

可以看到，乡村振兴战略是一个有机整体，文化建设具有基础性和关键性的作用，乡风文明是乡村振兴的保障。山东不仅是农业大省，素有"全国农业看山东"之说，齐鲁文化更是农耕文明的集大成者，是中华民族 2000 多年农耕文明的凝聚力和生命力的支柱，乡村文化振兴的"齐鲁样板"具有典型意义、示范意义。深入研究山东省乡村建设发展现状，及时总结有关经验、优势、规律和趋势，研究打造乡村文化振兴"齐鲁样板"的科学方法论和成功范式，具有理论意义和现实意义。

二、调研的主要目标

乡村文化是中国社会文化体系的重要组成部分，20 世纪以来关于中国乡村文化的研究主要在现代化与社会转型背景下展开：一是 20 世纪上半叶，在内忧外患、救亡图存的社会环境中展开的乡村文化研究与建设，具有鲜明的时代主题，体现了特定历史环境下，乡村文化的发展现实和迫切需求，具有理论与实践紧密结合的特点及影响。二是社会学、人类学的研究方法传入中国以来，从乡村社会的基础结构出发对中国乡村的本质属性、文化特性的研究。三是改革开放后，工业化、市场化深刻地影响乡村社会，针对乡土文化转型、乡村文化变迁展开的深入研究。四是党在农村工作的一系列决策部署中确立的乡村文化建设思想和方针，是乡村文化建设理论成果与实践的结合。整体上看，乡村文化发展具有时代性，乡村文化建设与乡村社会以及全社会的文明进步、发展现实相联系，在不同历史时期突出了相应的研究重点和主题，在具体实践中产生影响，一些结构性研究与把握为后续研究提供了理论参照。值得注意的是，历史上，梁漱溟领导的乡村建设运动以山东为出发点，探寻的是中国乡村文化问题，从理论上对乡村教育、乡村建设进行研究，从文化的角度分析当时中国农村衰落的原因，并将理论付之于实践，试图以乡村教育为先导为农村建设找出一条道路，做出了积极的探索。新世纪以来，"手艺农村——山东农村文化产业调研"就山东农村手工艺资源转化、特色产业发展、农村社会民生改善等做出深入研究，在全国产生影响。

当前，在乡村振兴战略历史机遇下，一系列关于乡村文化的研究进一步展开，如何对有着悠久历史的齐鲁农耕文明和乡村文明进行现代性的改造与传承，走出一条农业文明与工业文明共生、乡村文明与城市文明相长的中国特色发展道路，是新的时代命题，对山东省发展乃至全国乡村文明振兴、文化建设都具有重要意义。因此，关于乡村文化振兴"齐鲁样板"调研的主要目标和价值主要体现在三个方面：一是以新时代齐鲁乡村文化发展为出发点，深入观察和研究乡村文化发展的新特点、新趋势，深刻总结当代中国伟大社会变革进程中乡村文化的发展规律，实现深化乡村文化研究的学术价值。二是以乡村振兴战略为着眼点，系统总结新时代山东农村文化建设经验，加强对党中央治国理政新理念新思想新战略的研究阐释，形成科学系统的政策研究，发挥服务乡村文化政策体系构建与宣传、落实的应用价值。三是以山东乡村文化生态、乡村旅游、特色文化产业、民俗文化及公共文化服务为切入点，加强个案研究、实践性案例研究，提炼有学理性的文化发展理念，概括有规律性的文化建设实践，展开学术合作与文化宣传，发挥"齐鲁样板"的影响作用，实现社会价值。

三、调研的基本思路

调研聚焦新时代山东乡村文化发展，研究乡村文化典型，主要以乡村道德高地建设、乡村公共文化推广、乡村文化产业培育等为切入点，对乡村文化振兴"齐鲁样板"做出历史的、理论的、政策实践的全面梳理，形成新时代山东乡村文化建设的发展报告。

具体对接乡村振兴战略设立研究框架，以文化为出发点展开，包括四个部分：一是调研乡村特色文化产业发展的"齐鲁样板"。以山东乡村手工艺文化产业发展为重点，总结山东乡村文化资源的产业应用与发展经验，总结服务提升农业发展附加值和乡村文化建设的主要机制和基本规律。二是调研乡村文化生态与农耕文明发展的"齐鲁样板"。调研山东乡村风俗文化、乡村熟人社会蕴含的道德规范及其在乡村治理中的作用机制，深入就"加强农村思想道德建设""传承发展提升农村优秀传统文化"及消除精神贫困、培育新乡贤等进行总结，形成关于乡风文明的系统化、重点性案例总结和阐释。三是调研乡村公共文化服务体系建设的"齐鲁样板"。深入把握不同地区的乡村发展条件、风俗、文化差异，研究乡村发展中公共文化服务体系建设需求，总结"齐鲁样板"的策略机制。四是调研乡村文化旅游的"齐鲁样板"。总结山东省近年来在乡村文化旅游产业发展中取得的经验和成果。

整体上，聚焦乡村民生、民心、民艺，系统梳理乡村文化振兴的"齐鲁样板"经验，致力以翔实客观的田野调查为基础，深刻反映乡村振兴战略中文化建设的历史进程。以理论剖析为线索，深入研究和把握乡村文化发展的规律、机制和趋势，形成关于乡村文明价值及演进规律的理论研究，对乡村振兴战略的部署落实及作用做出理论阐释。以实践应用为补充，在剖析文化发展与建设规律、阐释文化生成与作用机制、提炼有效经验和理念的基础上，就乡村文化生态保护、手艺特色产业发展、乡风文明建设、公共文化服务及乡村文化旅游等展开"产学研用"协作和志愿者服务，对有关实践案例的经验等进行总结和推广。从而形成以客观数据为基础、理论研究为线索、文化实践为补充的立体化研究报告，形成深刻反映当代中国伟大社会变革进程中山东乡村文化建设历史与规律的发展报告，形成服务打造乡村文化振兴"齐鲁样板"的文化成果。

四、调研的内容呈现与团队构成

调研主要将山东乡村特色文化建设置于乡村振兴国家战略的整体背景下，综合系统分析乡村文化建设的历史、现实和发展策略和经验，着力做到视点精准，聚焦重大问题，统揽全局，做好战略考量；注意问题导向，以实践性、应用性为主导；聚焦政策，体现资政意义和路径参考价值；注意宏观把握国家文化和旅游部、省文化和旅游厅相关战略、政策、文件等，保证研究发挥积极作用。从而对新时代乡村振兴战略下的山东乡村文化建设基础和现状做出全面研究，对中国现代化视域下山东乡村文化的变迁进行历史性的脉络梳理，把握山东乡村文化特质，以调研的客观数据、实践案例和理论总结与阐释回答"齐鲁样板"是什么、表现形式是什么、实现路径是什么，就乡村文化建设"齐鲁样板"的基础、机制、规律、趋势和策略做出总结和阐释，形成深刻反映当代中国伟大社会变革进程中山东乡村文化建设历史与规律的研究报告。

调研报告主要分为乡村旅游振兴、乡村公共文化服务振兴、乡风文明建设和乡村文化产业振兴等章节，具体对山东省乡村文化旅游产业发展状况做出总结和梳理，对乡村公共文化服务方面取得的成绩和样板经验做出分析，对乡风文明建设的经验和路径做出探讨，并对存在的问题和解决的策略做出剖析，同时，归纳了山东省乡村文化产业振兴的经验，提出乡村文化产业振兴的策略和建议。在篇章内容构成上，注重论述分析与典型案例结合，以期使经验的总结与历史的记录相结合，理论的分析与客观的数据相印证，文化的理念与现实的生产生活相融通，实践文化研究、社会研究的意义。

调研团队由山东社会科学院副院长、研究员王志东，山东社会科学院文化研究所研究员郑艳、徐建勇，山东大学现代工业设计研究所教授刘燕，山东工艺美术学院人文艺术学院教授孙磊、徐磊，艺术人类学研究所教授殷波，讲师毛晓帅、苏欢等组成，从社会学、经济学、艺术学等专业视角进行调查研究，进行了专业化的数据与案例分析。课题开展期间，中共山东省委宣传部及各市县宣传部对调研给予了大力支持。"山东省高等学校青创人才引育计划"山东工艺美术学院传统工艺振兴研究创新团队就有关调研材料进行了全面汇总和编纂。

古往今来，乡村是中华民族精神文化的故土，也是生产生活的家园；乡村里沉潜积淀着历史文化的记忆，也孕育着生态自然的生机；乡村曾经历城市化、工业化的冲击与阵痛，也迎来新时代振兴发展的契机。齐鲁大地是中华优秀传统文化的诞生地，齐鲁乡村的现在和未来包含许多深刻的意义。乡村振兴正当时，山东乡村文化的调研还将继续，不断发现总结，不断探索求解。唯愿乡村积蓄新的活力，乡风齐鲁充满生机。

潘鲁生

辛丑谷雨于济南

目录

第一章
乡村旅游振兴"齐鲁样板"研究 /001

  乡村旅游"郝峪模式" /037
  旅游融合"丘山谷模式" /041
  休闲旅游"代村模式" /044
  旅游扶贫"竹泉模式" /049

第二章
乡村公共文化服务振兴"齐鲁样板"研究 /053

  菏泽市公共文化服务建设特色 /096
  青岛西海岸新区乡村社区公共文化服务体系 /100
  山东曲阜现代公共文化服务模式 /116

第三章
乡风文明建设"齐鲁样板"研究 /127

　　山东邹城后八村乡村孝德文化建设案例 /142
　　山东邹城唐村乡贤治理模式案例 /146
　　山东青州南小王村乡风文明建设案例 /151
　　山东临沂常山庄村红色文化典型案例 /156

第四章
乡村文化产业振兴"齐鲁样板"研究 /163

　　三涧溪村文化产业典型案例 /187
　　麻店鑫诚田园综合体典型案例 /213

第一章 乡村旅游振兴"齐鲁样板"研究

乡村旅游是以乡村自然社区为活动场所,以乡村田园风光、农林资源、自然生态环境为载体,以农业生产经营活动和农村民俗民艺传承活动为吸引物,以都市居民为目标消费人群,以领略乡村乡野风光、体验农事生产劳作、了解风土民俗和回归自然为旅游目的的一种旅游形态。乡村旅游以独具特色的乡村民俗、民艺、民族传统文化为根本,满足都市人享受田园风光、回归淳朴民俗的愿景,其社会、经济效应十分显著,更是带动农民脱贫致富、保护传统乡俗文化、促进社会主义新农村建设的重要途径。早在2010年,《中共中央 国务院关于加大统筹城乡发展力度 进一步夯实农业农村发展基础的若干意见》就提出要"积极发展休闲农业、乡村旅游、森林旅游和乡村服务业,拓展非农就业空间"[1]。2018年,《中共中央 国务院关于实施乡村振兴战略的意见》提出"实施休闲农业和乡村旅游精品工程"[2],《乡村振兴战略规划(2018—2022年)》从乡村振兴全局的高度对发展乡村旅游作出部署。随着中央和地方各级政府支持乡村旅游政策的不断完善,乡村旅游开始在全国蓬勃发展起来。

　　作为旅游大省,山东在发展乡村旅游方面一直走在全国前列。为深入落实中央关于全域旅游的决策部署,进一步推进实施新旧动能转

---

[1] 《中共中央 国务院关于加大统筹城乡发展力度 进一步夯实农业农村发展基础的若干意见》,中国政府网。

[2] 《中共中央 国务院关于实施乡村振兴战略的意见》,中国政府网。

换重大工程，积极创建国家全域旅游示范省，2018年山东省委、省政府印发《大力推进全域旅游高质量发展实施方案》，提出"立足山东农业大省特色优势，实施休闲农业和乡村旅游精品工程，打造乡村旅游齐鲁样板"[1]。近年来，山东省为推动乡村旅游发展，实施了一系列行之有效的政策措施，涌现出大批乡村旅游先进典型，积累起乡村旅游振兴的许多宝贵经验，打造乡村旅游齐鲁样板具备了坚实的现实基础。本书课题组对山东省乡村旅游发展情况进行了全面深入的调查研究，系统分析总结山东推动乡村旅游振兴的经验做法，认真归纳山东打造乡村旅游"齐鲁样板"的机制模式，为全国乡村旅游发展、乡村文化振兴发挥示范引领作用。

一、山东省乡村旅游发展的基本情况

山东省一直高度重视乡村旅游发展，乡村旅游起步早、见效快，从无到有，从粗放培育到精品打造，已经成为旅游产业的重要组成部分，整体规模和发展模式处于全国领先地位。

（一）保持了长期高速增长的态势

2017年，山东省乡村旅游接待游客4.45亿人次，同比增长12.1%，乡村旅游消费2549亿元，同比增长15.9%。2018年，山东省乡村旅游接待游客5.03亿人次，同比增长13.03%，乡村旅游消费2955.24亿元，同比增长15.94%。山东省规模化开展乡村旅游的村庄已达3500余个，乡村旅游经营业户8.4万户，吸纳安置就业52万人。

---

1 《大力推进全域旅游高质量发展实施方案》，青岛城阳政务网。

已建成省级旅游强乡镇527个、省级旅游特色村1180个、好客人家星级农家乐4063个、省级精品采摘园921个、省级开心农场168个。61个村被国家旅游局命名为"中国乡村旅游模范村",数量全国第一。目前,乡村旅游已经成长为山东旅游产业的首要增长点,山东省居民旅游消费的最大热点。

（二）形成了完善的产业体系

近年来,山东省乡村旅游发展迅猛,规模不断扩大、层次不断提升,从"吃农家饭、住农家院、享农家乐"到"拓展培训、户外野营、休闲度假",产业形态快速更新,产品样式不断丰富,在迅速蝶变中努力满足多样化旅游消费需求。乡村旅游集群片区、乡村旅游园区、乡村旅游度假区实现了规模化发展,乡村旅游小镇、乡村旅游特色村和乡村民宿实现高质量发展。截至目前,山东省已建成兰陵国家农业公园、寿光蔬菜高科技示范园、济宁南阳湖农场等100多处不同产业类型的乡村旅游园区,济南齐鲁八号风情线、淄博池上镇、滕州龙阳镇、蓬莱丘山山谷、肥城桃文化等30多个乡村旅游集群片区,已建成安丘市齐鲁酒地健康小镇、沂水县崮乡传奇小镇、夏津县德百小镇等一批精品旅游小镇,朱家林村、压油沟村、蓑衣樊村、王家庄村、峨庄村、马套村、平安村等一批画家村、美食村、影视村、艺术村等。青岛微澜山居、临沂朱家林民宿、泰安大汶口古镇民宿、济宁万紫千红理想家、沂水县林下花墅、泰山凡舍客栈等一批乡村精品民宿走上规范化发展道路。

（三）逐步向规模化、精品化方向发展

在山东省经济新旧动能转换的大环境下,山东抓住机遇,积极发挥乡村旅游基础强、有特色的优势，快速推动乡村旅游提档升级，迈向高质量发展阶段。山东省充分发挥财政资金推动作用，支持建成30多个乡村旅游集群片区、20多个精品小镇，建成了一批画家村、美食村、影视村、艺术村等精品乡村旅游特色村。2016年9月，山东省发布了10条乡村旅游精品线路："乡村田园生态休闲之旅""亲情沂蒙红色人文之旅""渔舟唱晚滨海逍遥之旅""灿烂文化研学修学之旅""慢村慢镇怀旧追忆之旅""民俗风情鉴赏探秘之旅""洞天水色黄河美食之旅""最美乡村赏花采摘之旅""古村古镇美丽乡愁之旅""温泉药膳康体养生之旅"，既为城市市民架起了乡村旅游的"黄金通道"，又为农村农民开通了旅游致富的"金光大道"。山东还成立了山东省精品旅游促进会乡村旅游专业委员会，借助协会的力量整合乡村旅游产业上下游资源，研发文创旅游产品，策划包装一批乡村旅游精品营销项目和活动，培育乡村旅游人才。

（四）构建起全方位发展的载体平台

一是加大对传统古村落的保护。从2013年开始，山东连续4年资金支持传统古村落保护，并不断完善"山东客栈""好客人家"标准体系，用景观概念做好乡村文化遗产原生态的活化保护传承和展示利用。目前，已保护性开发了淄博市新城镇、泰安大汶口古镇、济宁南阳古镇、威海市河口村、临沂压油沟村、滨州市魏集镇等一批特色鲜明、亮点突出的文化旅游古村镇，淄博周村古商城、济宁上九山村、青州井塘古村等一批历史文化古村镇焕发生机。泰安大汶口古镇按照真山、真水、真文化、真生活、真产业的新理念，创新推出以农业为基础、文化产业为先导、休闲旅游为龙头的发展模式，融合农业文明、现代创意和休闲需求，将遗址公园、湿地公园、大汶口古镇统筹运作，以古镇带动整个镇域的发展。二是加大品牌营销力度。在"好客山东"文化旅游品牌统领下，突出"山东乡村更好客"主题，策划推出"胶东渔家""沂蒙人家""黄河人家""运河人家"等十家乡村旅游文化品牌；深度挖掘儒文化、齐文化等诸子百家文化，策划推出了泉城济南、平安泰山、东方圣地、仙境海岸等十大文化旅游目的地品牌，通过山东省内外主流媒体加大宣传，扩大典型示范效应。三是推出系列节庆活动。举办了荣成渔民节、肥城桃花节、莱阳梨花节、费县樱桃采摘节等100多个乡村旅游系列节庆活动。提升沂源七夕情侣文化节、六月六伏羊节、滨州胡集书会等精品节会活动。开展"我们的节日"主题活动，创新打造春节、元宵节、清明节、端午节、中秋节、重阳节等当地传统节日旅游品牌，利用传统节日组织开展花会、灯会、庙会、山会、歌会等民俗活动，传播了乡村文化，有效激活了乡村旅游市场。

（五）确立起一整套有力的扶持政策

山东省一直重点支持乡村旅游发展，从2014年11月开始，山东省财政累计安排3亿元乡村旅游发展专项资金用于打造"美丽乡村"，推动农村发展、农民致富。2016年，山东省财政继续加大乡村旅游投入，统筹安排资金1.5亿元，持续推动乡村旅游做大做强。2018年，省级财政从省乡村旅游发展专项资金中安排8600万元支持72个市、县、区发展乡村旅游，重点开展旅游精准扶贫、全域旅游开发、乡村旅游集群片区建设、旅游小镇培育、"乡村旅游后备箱"工程示范基地建设和旅游新业态发展，2019年省级乡村旅游发展专项资金增加到1亿多元。此外，山东省级财政从省乡村旅游发展专项资金中安排1600万元用于旅游精准扶贫。对400个旅游扶贫村重新进行分类，建立台账,为精准施策、分类指导奠定基础。截至 2018 年,山东省 400 个旅游扶贫村通过各类资金扶持、旅游业态打造,实现贫困人口收益的村庄达到 360 个,间接带动 26 万人增收。

二、山东省推动乡村旅游振兴的政策措施

山东乡村旅游的迅猛发展,既得益于发展之初的顶端策划、科学指导,又有赖于发展过程中实施的规模化发展、基础设施提升、精品化打造、系统化支撑等高效举措。

(一)科学谋划乡村旅游发展蓝图

山东是农业大省,对发展乡村旅游一直非常重视。从 2006 年开始,山东便组织开展旅游特色村、旅游强乡镇、好客人家农家乐的评选,并陆续出台《乡村旅游服务规范》《民宿服务质量等级划分与评定》《购物旅游示范村评定》等文件指导乡村旅游的发展。2011 年 5 月,山东省人民政府颁布下发了《山东省乡村旅游业振兴规划(2011—2015 年)》,以促进农民就业增收为目标,以拓展、规范、提升为重点,坚持"农旅结合、以农促旅、以旅富农",完善乡村旅游基础设施和服务体系,优化乡村旅游发展环境,创新机制、整合资源、丰富品类、突出特色,强化管理、提升品质,充分发挥旅游产业的关联带动作用,把乡村旅游业培植成为农村经济发展支柱产业和农民增收新亮点,提升"好客山东"品牌内涵。

为贯彻落实山东省委、省政府关于加快旅游强省建设的部署要求,充分发挥乡村旅游在新旧动能转换工作中的重要作用,进一步调整优化农业产业结构,扩大农民就业,促进农民增收,传承优秀传统文化,

促进新农村建设，满足人民群众日益增长的旅游需求，加快乡村旅游提档升级，2017年5月山东省人民政府办公厅印发《山东省乡村旅游提档升级工作方案》。该方案提出深入贯彻创新、协调、绿色、开放、共享发展理念，坚持乡村旅游提档升级与新型城镇化、农业现代化以及美丽乡村建设、乡村记忆工程、乡村旅游扶贫工程相结合，与发展全域旅游、生态旅游和推进旅游供给侧结构性改革相统一，把乡村旅游打造成生产美、生态美、生活美的全域旅游发展主阵地，促进农村发展、农业转型、农民增收。

山东省旅游发展委员会在《2018年全省旅游工作要点》中提出，落实乡村振兴战略，推进乡村旅游和精准扶贫。一是促进乡村旅游规模化发展。打造20个相对集中、业态丰富、功能完善的乡村旅游集群片区，建设60个一二三产业相互融合的乡村旅游园区，引导20个省政府确定的特色小镇具备旅游功能，达到特色景观旅游名镇标准或3A级景区标准。以深化农村土地"三权分置"改革为契机，培育乡村旅游龙头企业、专业合作社、家庭农场，引进大企业对旅游资源富集地区实施整体开发。协调住建、交通、卫计、经信等部门，优先加强乡村旅游集群片区、乡村旅游园区的交通、卫生、宽带网络、地下管网等公共基础设施建设。二是实施乡村旅游精品培育工程。按照国家级特色景观旅游名镇标准或5A级景区标准，重点打造5个精品旅游小镇、5个精品乡村旅游酒店。结合"乡村记忆"工程，培育一批陶瓷琉璃村、木版年画村、刺绣剪纸村等"非遗"村落，打造一批画家村、美食村、影视村、艺术村、健身休闲村等特色村，推出3个具有地方特色的精品民俗活动、3个精品农事活动。策划组建山东省民宿协会，制定"山东客栈""好客人家"质量等级服务标准，打造60家规范化精品民宿。积极开展中国风情小镇、中国度假乡村、国家现代农业庄园、全国休闲农业和乡村旅游示范单位、中国乡村旅游创客示范基地等创建工作。三是实施"乡村旅游后备箱工程"。推动农林牧副渔等产品向旅游商品转化，推出山东精品乡村旅游产品采购目录。支持重点乡村旅游点在邻近的景区景点、高速公路服务区、主要交通干道游客集散点等设立农副土特旅游商品销售体验中心。山东省打造30家"乡村旅游后备箱工程"示范基地和20个乡村旅游电商示范村。四是实施旅游精准扶贫工程。召开山东省乡村旅游暨旅游扶贫工作推进会，整合新农村建设、小流域综合治理、农业结构调整等专项资金，集中支持乡村旅游和旅游扶贫。重点扶持3—5个黄河滩区脱贫迁建县（区）发展乡村旅游，引导他们在规划、建设、管理过程中注入旅游元素、赋予休闲功能、体现旅游效益，打造黄河风情旅游景点。

为加快培育休闲农业和乡村旅游品牌，着力发展农业新业态，加快农业发展新旧动能转换，打造农村一二三产业融合新亮点，2018年8月山东省农业厅、山东省旅游发展委员会发布《关于开展休闲农业和乡村旅游示范创建工作的通知》，在山东省开展休闲农业和乡村旅游示范创建工作。经过推荐评选，确定济南市章丘区、高青县、东营市垦利区、昌乐县等9个县（区）为山东省休闲农业和乡村旅游示范县（区），济南市长清区龙凤庄园、胶州市绿村农产品专业合作社、淄博百萃源农业旅游开发有限公司等22个单位为山东省休闲农业和乡村旅游示范点，济南市历城区彩石镇东泉村、平阴县东阿镇北市村、青岛市崂山区沙子口街道办事处东麦窑社区、莱西市水集街道办事处产芝村等24个村为山东美丽休闲乡村，济南市五洲都市农业有限公司油菜花景区、济南市金玉梁园景区、青岛市西海岸新区泽丰文化生态园等24个单位为齐鲁美丽田园，济南市章丘区东方商人生态农庄、山东凤凰谷瑞邦葡萄酒庄园有限公司、章丘龙翔树莓生物科技有限公司等 23 个单位为山东省休闲农业精品园区（农庄）。

为进一步推进实施新旧动能转换重大工程，积极创建国家全域旅游示范省，2018 年 9 月山东省委、省政府印发《大力推进全域旅游高质量发展实施方案》，提出促进乡村产业振兴，加快培育休闲观光园区、森林人家、康养基地、乡村民宿、渔夫垂钓、旅游小镇等乡村旅游精品。引导泰山、蒙山、微山湖、东平湖、海岸线、齐长城、黄河、运河、沂河沿线地区乡村旅游集聚发展，加快构建大城市近郊乡村旅游圈，培育一批乡村旅游集群片区、乡村旅游园区。借鉴欧洲城堡式乡村酒店开发模式，打造一批庄园式精品乡村酒店。到 2020 年，实现乡村旅游消费 3800 亿元，2022 年达到 5000 亿元。

（二）持续推动乡村旅游提档升级

1. 推动乡村旅游规模化发展

通过"合作社 + 农户""公司 + 农户""公司 + 合作社"等模式，在山东省打造 100 个相对集中、业态丰富、功能完善、拥有核心吸引物与综合竞争力的乡村旅游集群片区。其中，依托泰山、蒙山等山岳资源，打造九女峰休闲度假、沂蒙红色游学、崮群观光体验等 15 个集群片区；依托微山湖、东平湖等湖区，打造微山岛渔家休闲度假、东平水浒文化体验等 10 个集群片区；依托黄河、沂河等重要河流，打造滨州黄河古村风情、台儿庄运河湿地、沂蒙人家乡村度假等 10 个集群片区；依托齐长城、儒家文化等文化资源，打造莱芜"一线五村"、曲阜石门慢生活等 10 个集群片区；依托 4A 级以上旅游景区，打造蓬莱葡萄酒古堡、淄川绘画写生等 15 个集群片区；依托各市人口、市场优势，围绕环城市游憩带，每个城市打造 2—3 处乡村旅游集群片区。各相关部门都依托自身优势资源，建设乡村旅游园区。水利部门推动现有水利风景区的改造与提升，沿河、湖、渠建设一批水利风景带，督促、指导戴村坝水利博物馆的建设，打造15家省级以上水利风景区。国土资源部门推动沂蒙山国家地质公园创建世界地质公园，指导现有地质公园完善旅游功能，打造10处地质科普类旅游园区。农业部门结合农业结构调整，推动各类家庭农场、农业园区和规模化基地提档升级，拓展观光采摘、休闲体验、科普教育、文化创意等功能，打造100个齐鲁美丽田园、100个省级休闲农业示范园区。林业部门指导黄河入海口等湿地创建国家5A级景区或生态旅游示范区，推出15家森林公园。体育部门加快推进青岛、烟台、威海、日照海上运动基地建设；依托黄河、淮河、沂河、小清河以及京杭大运河山东段等重点流域，发展皮划赛艇、摩托艇、滑水等水上休闲运动项目；加快航空、山地、露营、冰雪、垂钓等户外健身休闲基地建设；结合地方资源和文化，打造一批能带动乡村旅游的品牌体育赛事，积极创建15个体育文化旅游特色小镇。海洋与渔业部门着力建设30处以上省级海洋牧场、10处以上省级休闲渔业公园。科技、旅游部门合作拓展东营黄河三角洲农业高新技术产业示范区的旅游功能，依托省级以上农业科技园区打造15处创意农业、休闲农业、高科技农业等新业态园区。旅游部门重点打造30处乡村旅游度假区。住房城乡建设、旅游部门按照特色景观旅游名镇标准或3A级以上景区标准，推动省政府确定的100个特色小镇建成旅游小镇。

2. 丰富乡村旅游文化内涵

加大对古村落、古街区、古民居等的保护利用，推出一批古村落度假村、古民居精品民宿。依托非物质文化遗产资源，培育一批陶瓷琉璃村、木版年画村、刺绣剪纸村、传统民俗表演村、手工艺制作村等"非遗"村落。依托历史文化生态资源，融入现代科技，打造一批画家村、美食村、影视村、艺术村、健身休闲村。充分挖掘农耕文化资源，利用农民传统的生产和生活方式，推出一批体现山东特色的文化生态博物馆、慢生活村落、乡村慢城，打造一批山会、庙会、乡村大集等精品乡村文化活动。开发传统民族体育项目，推出一批具有地方特色的生日祝寿、婚庆等人生礼仪产品。支持乡村旅游点引入吕剧、柳琴、梆子、山东评书等艺术形式，活跃游客文化生活。文化部门将"文化下乡"活动与乡村旅游结合起来，每年将不少于1/3的文化下乡活动安排在乡村旅游点，定期组织作家、画家、非遗项目传承人等在乡村旅游区设点展演和传技。文物行政部门积极推动众多馆藏文物向社会开放。

3. 实施乡村旅游精品工程

结合300个乡村旅游园区建设，按照国家相关标准，重点打造60个国家级精品园区。住房城乡建设、旅游部门以旅游类小镇为基础，创建20个达到国家级特色景观旅游名镇标准或国家5A级景区标准的精品旅游小镇。林业、国土资源、海洋与渔业等部门积极引入旅游理念，按照各自建设标准和规划要求，对森林公园、地质公园、海洋公园等进行改造提升，按照不低于20%的比例打造旅游精品项目。旅游、文化、住房城乡建设等部门在济南周边、东部沿海以及其他具备条件的地区，按照高端乡村酒店标准打造20个与乡村环境融为一体的精品乡村旅游酒店。按照外部体现乡土气息，卫生间、厨房等内部设施达到五星级标准的要求，改造建设一批精品民宿。文化部门会同旅游部门挖掘特色民俗，策划推出具有典型山东特色的10个精品文化旅游民俗活动、10个精品农事活动。

4. 改善乡村旅游基础设施条件

巩固提升"改厨改厕"成果，全面实施餐饮质量安全提升工程，推进"明厨亮灶"、色标管理，开展"清洁厨房"行动，推动食品安全信息公开，做到卫生整洁、标识清晰、生熟分开。80%的农村景区内餐饮单位要达到餐饮服务食品安全量化等级B级以上（含B级）标准。持续推动厕所革命，2018年底前成方连片地区乡村旅游厕所都达到国家三星级标准。积极改善乡村旅游道路交通条件，交通运输部门积极抓好交通主干道以及机场、高铁、城市客运与乡村旅游点的道路无缝连接，重点片区旅游交通条件达到四级以上公路标准，会同旅游部门于2018年底前设置完成省道、县道、乡道的旅游交通标识，在主要交通节点建设一批旅游集散中心，推动重点旅游城市开通城区通往主要乡村旅游点的"旅游直通车"。住房城乡建设部门围绕环城市游憩带和100个乡村旅游集群片区，编制乡村旅游绿道建设规划，2018年年底前初步建成部分生态、骑行绿道。在乡村旅游成方连片地区配套完善污水、垃圾处理处置设施，实现达标排放或集中处理。环保部门负责加强自然生态保护，监督乡村旅游的环境保护工作。旅游、住房城乡建设、国土资源部门共同推动乡村旅游咨询、集散体系和停车场建设。2017年每个县至少建成一处游客综合服务中心，规模较大的乡村旅游点要有咨询中心，免费提供旅游地图、产品信息等资料。旅游、通信管理部门共同推进智慧乡村旅游工程，到2018年底前获得省级以上称谓的乡村旅游镇、村、点要实现移动数据网络、电子讲解等功能覆盖。

5. 推进旅游精准扶贫

实施公益旅游扶贫行动，组织一批专业化旅游规划团队免费为400个旅游扶贫村编制乡村旅游规划，免费纳入对外营销平台，组织旅行社编排线路，帮助开发市场。大力实施乡村旅游扶贫工程，对山东省有一定资源基础和发展潜力的村予以奖励支持，引导其通过发展乡村

图1-1 醉美姜乡

旅游脱贫致富,每个村给予5万元资金支持,分三年完成。对乡村旅游特色鲜明,发展基础较好,区位优势明显的省贫困村重点支持,每个村给予20万元资金支持。积极争取国家支持,从沂蒙革命老区筛选47个村推荐上报给国家乡村振兴局、国家旅游局,以乡村旅游为载体,全面推进贫困乡村的脱贫致富和第一产业的升级改造。鼓励政府机关及涉旅企事业单位与贫困村开展结对帮扶活动。扶贫机构会同旅游部门选择149个贫困人口较多、旅游资源禀赋好、发展旅游积极性高的重点村实施旅游扶贫项目。省妇联联合省乡村振兴局、省旅游发展委组织实施"巾帼乡村旅游扶贫公益行动",围绕旅游扶贫,建立巾帼居家创业就业示范基地,发展"大姐农家乐""大姐工坊"等居家创业就业旅游项目服务点,促进妇女居家就业增收脱贫。

6. 实施"乡村旅游后备箱工程"

支持各地推动农林牧副渔等产品向旅游商品转化,鼓励开发具有观赏性、艺术性、实用性和地方特点的乡村旅游商品。海洋与渔业部门共同打造"胶东参"等山东水产旅游商品品牌,农业部门做大做强烟台苹果、莱芜生姜、金乡大蒜等一批知名农产品区域公用品牌,做

图 1-2 菏泽牡丹花期的特色活动（菏泽市委宣传部供图）

图 1-3 菏泽牡丹产业成果展（菏泽市委宣传部供图）

精做细地方特色农产品品牌，不断提升农业旅游商品的知名度和美誉度。林业部门着力打造菏泽牡丹、莱州月季、平阴玫瑰、平邑金银花、沾化冬枣、乐陵金丝小枣等林业旅游商品品牌。加快乡村旅游购物网点建设，支持乡村旅游重点村在邻近的景区景点、高速公路服务区、主要交通干道游客集散点等设立农副土特产品销售展台，支持有条件的村建设乡村旅游淘宝村。重点培育3—5家大型旅游商品生产经营企业、1—2家有实力的本土旅游电商企业，整合山东省丰富的旅游商品，线上线下联动，打造"山东乡村礼物"旅游商品品牌。到2020年，山东省建设100家"乡村旅游后备箱"工程示范基地、100个乡村旅游扶贫电商示范村。

（三）不断加大乡村旅游政策扶持力度

1. 加大财政投入

发展改革委、财政等部门不断加大相关政策、资金等的扶持力度，稳定省级旅游发展资金规模，视财力增长和支出结构调整情况逐步增加。对符合"一事一议"财政奖补范围的乡村旅游公益性项目，按相关政策给予支持。省区域战略推进专项资金各市切块部分，每年安排一定比例支持乡村旅游业发展。对重大乡村旅游项目和基础设施项目，由旅游部门提出规划建议，相关部门分别统筹给予支持。发挥政府引导性资金投入带动作用，调动社会资金投资建设乡村旅游的积极性。采取政府和社会资本合作（PPP）、众筹等模式，争取中央预算内投资、国家专项建设基金等，建设一批乡村旅游重大基础设施。各市、县（市、区）也安排相应的扶持资金，专项扶持乡村旅游发展。以县级为平台整合各类资金向乡村旅游重点区域倾斜。结合省级旅游发展资金，出台奖励政策，对连片开发5个村以上且达到标准的乡村旅游集群片区，根据规模和效益给予300万—600万元不等的奖励；对达到5A级景区标准的精品旅游小镇每个奖励500万元；对获得国家级、省级乡村旅游相关荣誉的，通过以奖代补方式分别给予50万元和30万元的奖励；对经评审通过的山东省重点乡村旅游项目规划及市县乡村旅游规划给予适当补贴。

2. 加大金融支持

鼓励金融机构加大对乡村旅游企业和项目的信贷支持力度，深化与中国农业银行、中国农业发展银行、国家开发银行等金融机构合作，推出乡村旅游贷、旅游扶贫担保等金融创新产品，推动金融机构面向乡村旅游经营业户的小额信贷业务；支持各类融资担保公司为乡村旅游经营主体提供融资担保；鼓励通过农村产权抵押和门票质押等方式获得融资，拓宽乡村旅游企业融资渠道。健全和完善区域信贷政策，在信贷资源配置、信贷管理权限设置等方面，对乡村旅游连片开发和旅游扶贫项目给予倾斜。鼓励金融机构在乡村旅游集聚地区优先布设ATM，提供POS消售终端等电子化结算服务。

3. 优化土地利用政策

国土资源部门在安排年度新增建设用地指标时，优先支持重点乡村旅游项目，会同海洋与渔业部门支持使用未利用地、废弃地、边远海岛等土地建设旅游项目。允许通过村庄整治、宅基地整理等节约的建设用地采取入股、联营等方式，重点支持乡村休闲旅游养老等产业和农村三产融合发展。鼓励以长期租赁、先租后让、租让结合方式供应旅游项目建设用地。农村集体经济组织以外的单位和个人可依法通过承包经营流转的方式，使用农民集体所有的农用地、未利用地从事与旅游相关的种植业、林业、畜牧业和渔业生产。支持有条件的地方通过盘活农村闲置房屋、集体建设用地、"四荒地"、可用林场和水面等资产资源发展休闲农业和乡村旅游。支持通过开展城乡建设用地增减挂钩试点，优化农村建设用地布局，建设旅游设施。对城镇规划区范围外发展乡村旅游的农户，实行用电、用水与农村同价。

4. 积极支持社会投资

鼓励社会资金以租赁、承包、联营、股份合作等多种形式投资开发乡村旅游项目，兴办各种旅游开发性企业和实体，提供乡村旅游服务；鼓励农民集资入股或以专业合作经济组织采取公司＋农户、合作社＋农户等方式参与乡村旅游投资开发；鼓励城镇和乡村居民利用自有住宅或者其他条件依法从事旅游经营；积极引导社会资本参与投资开发，推动乡村旅游向集约化、规模化、专业化发展。认真贯彻落实中央和省已出台的支持县域经济发展、加快人口市民化进程、培育特色产业小镇、一二三产业融合发展、产业扶贫攻坚、农业产业化发展的相关税费优惠政策，让参与开发建设的乡村旅游点、精品民宿、农家乐、开心农场等经营主体和乡村旅游商品生产、设计、经营单位，平等享受更多的政策扶持。积极清理乱收费和不合理收费行为，减轻乡村旅游企业和经营者负担。在证照办理上，给予优先办理相关证照，简化办证手续，提高办证速度，符合政策的可降低收费标准。

5. 加强行业队伍建设

推荐一批热爱旅游、有开拓精神的干部充实到市、县、乡、村旅游管理岗位。加强规划策划、管理运营、宣传营销专业队伍建设，实施"送智下乡"工程，组织相关专业技术人员到乡村旅游点进行对口指导。加大人才引进力度，制定优惠政策，吸引大中专毕业生到乡村进行旅游创业、就业。2013年至今，山东省旅游发展委员会先后组织6600位乡村旅游带头人赴韩国、日本、法国、意大利、西班牙等地精准交流。妇联组织开展有针对性的培训活动，落实"四个一百"示范性培训计划，搞好100名乡村旅游企业（经营户）负责人、100名乡村旅游妇女厨艺师、100名手工艺技师、100名村妇代会主任电商创业培训。实施省、市、县、企乡村旅游培训工程，省级重点抓好乡村旅游带头人、具有一定规模的乡村旅游接待服务单位部门经理的培训，每年分批组织乡村旅游带头人赴国（境）内外开展精准交流。市、县、企分级抓好各级各类人员，特别是一线接待服务人员的培训，利用3年时间对乡村旅游人员培训一遍。全面推广《山东文明待客100条》待客规范，将细微化、标准化、个性化、人性化服务落实到乡村旅游接待服务的各个环节。

三、山东省打造乡村旅游"齐鲁样板"的经验模式

山东省把乡村旅游作为建设旅游强省的重要突破口，积极进行科学指导，鼓励各地大胆探索，以乡村人才振兴、文化振兴、组织振兴、产业融合、政策支撑为引领，树立乡村旅游资源保护优先、分类施策推进的科学发展方针，形成乡村旅游与乡土文化、特色小镇建设、革命资源利用、创意元素相结合的成熟模式，塑造多级联动、利益共享的高效开发机制，成为山东省乡村振兴的重要动力源。

（一）建章立目，科学保护，留住乡旅根脉

山东省把留住原汁原味的乡景、乡情、乡风、乡俗作为发展乡村旅游的核心要素，始终强调对乡土生态、文化资源的保护，积极开展全国和省级历史文化名镇名村的评选与建设，积极引导具备条件的文化村镇结合发展实际，以乡村特色产业带动为龙头，打造历史文化特色小镇、特色景观旅游名镇名村、旅游强乡镇特色村，为推动山东省乡村旅游开发打下了良好的工作基础。

1. 积极参与和举办国家级文化、旅游名镇评选活动

国家级文化、旅游名镇名村评选活动的社会影响力大，具有很强的引领带动示范作用。历史文化名镇名村更是我国优秀传统建筑风貌、优秀建筑艺术和民族文化风情的重要空间载体。国家住建部和国家文

物局从 2003 年起共同组织评选全国历史文化名镇名村，迄今先后公布了六批名单，山东省先后有桓台县新城镇、微山县南阳镇、章丘市官庄乡朱家峪村等 7 个村镇被评为中国历史文化名镇名村，但是在全国范围内获评总体数量仍然偏少。为进一步保护村镇的自然环境、田园景观、传统文化、民族特色、特色产业等资源，促进城乡统筹协调发展，国家住建部、国家旅游局分三次评选公布了全国特色景观旅游示范镇（村），山东省的滕州市滨湖镇、长岛县南长山镇、阳谷县阿城镇闫庄村等 27 个村镇入选。2016 年 7 月 20 日，国家住建部等三部委发出文件进行工作部署，计划到 2020 年，培育 1000 个左右各具特色、富有活力的休闲旅游、商贸物流、现代制造、教育科技、传统文化、美丽宜居等特色小镇，引领带动全国小城镇建设。2016 年 10 月 14 日，第一批中国特色小镇名单公布，共有 127 个小镇入围，浙江省最多，达到 8 个，山东、江苏和四川紧随其后，均有 7 个小镇入围。

中国古村镇大会是目前国内古村镇保护与活化的第一品牌，致力于打造一个超部门、多学科、跨行业的开放性传统村镇保护与活化的对话机制、交流平台和展示空间。2016 年 9 月，由山东省滨州市承办的第二届中国古村镇大会开幕，来自中、德、意、韩、日等 5 国近 50 名演讲嘉宾，以及全国 20 多个省市近 1000 多人参加了本届大会。大会以 5 大主题论坛、2 项专题分享、10 项游学考察及 2016 年双优古村（镇）暨风云人物评选、美丽古村镇摄影大赛颁奖仪式，来交流分享全球古村镇保护的经验措施，大力倡导尽量保留古村镇传统建筑及其地理文化风貌，努力传承保护古村镇的非物质文化遗产价值，通过积极、有机、平等的活化途径，使其主动适应现代化、国际化、信息化的时代潮流，重构古村镇古今兼容的发展模式和生活方式，实现古村镇健康、绿色、可持续的发展目标。

2019年国家文化和旅游部公布了第一批入选全国乡村旅游重点村名录乡村名单，山东省有淄博市博山区池上镇中郝峪村、威海市荣成市宁津街道东楮岛村、临沂市沂南县铜井镇竹泉村、潍坊市青州市王府街道井塘村、临沂市沂水县院东头镇桃棵子村、泰安市岱岳区道朗镇里峪村、济宁市邹城市石墙镇上九山村、济宁市梁山县大路口乡贾堌堆村、临沂市兰陵县苍山街道压油沟村、日照市莒县东莞镇赵家石河村等10个乡村入选。

2. 广泛开展省级历史文化旅游名镇名村评选活动

近年来，山东省陆续开展了多种形式的文化名镇、旅游强镇评选活动，对优秀传统文化的保护弘扬，旅游特色产业的发展壮大，新型城镇化的健康发展，都发挥了重要的示范推动引领作用。从2006年起，山东省住房和城乡建设厅和省文物局在山东省范围内开展了省级历史文化名镇名村命名评选工作，共命名三批26个镇30个村为省级历史文化名镇名村，并出台严格的管理办法，在历史文化名镇、名村名单批准公布后，所在地县级以上人民政府要在1年内组织编制专项保护规划；在历史文化名镇名村保护范围内进行建设活动，应当以保护规划为依据，按照《历史文化名城名镇名村保护条例》的规定，依法办理规划审批手续；对历史文化名镇名村进行不定期督查，对不能进行积极有效保护，造成历史遗产严重破坏和损害的村镇，列入"历史文化名镇名村濒危名录"，取消名镇名村称号，并对有关责任人员依法依规严肃处理。

根据国家住建部、文化部、文物局、财政部的统一部署，2014年山东省住建厅组织评选公布了济南市章丘市文祖镇三德范村等103个村为第一批省级传统村落；2015年公布了济南市章丘市普集镇杨官村等105个村为第二批省级传统村落；2016年公布了济南市长清区归德镇土屋村等 103 个村庄为第三批省级传统村落，对山东省传统古村落的挖掘、保护和开发利用发挥了重要的促进作用。

为推动山东省乡村旅游和工业旅游又好又快发展，2014 年山东省旅游局发布《关于命名山东省旅游强乡镇、旅游特色村、工农业旅游示范点、精品采摘园和好客人家星级农家乐的通知》，共评选命名青岛市黄岛区海青镇等 72 个乡镇（街道）为山东省旅游强乡镇，临沂市沂水县院东头镇院东头村等 247 个村（社区）为山东省旅游特色村，淄博市淄川区淄博圣樵农业发展有限公司等 194 个单位为山东省农业旅游示范点，青岛市莱西市老天宝庄园等 838 家单位为山东省好客人家星级农家乐，枣庄市滕州市柴胡店镇刘村梨园等 190 个单位为山东省精品采摘园，东营市山东欣马酒业有限公司等 43 个单位为山东省工业旅游示范点。此外，山东省旅游局联合省住建厅分别于 2011 年、2014 年评选了两批共 76 个山东省特色景观旅游名镇（村），有力地推动了山东省旅游产业的结构调整和转型升级，为山东省新型城镇化建设提供了新的载体和途径。

3. 不断加强特色文化旅游古镇古村的保护与开发力度

山东省深入贯彻落实国家法律法规，把古镇古村作为最宝贵的文化资产和旅游资源，始终坚持保护优先的理念，不断加大保护传承力度，推动修复古镇古村工作。近年来山东省拿出专门资金，调查摸底山东省古镇古村情况，对 85 个保护价值突出、390 个旅游发展潜力大的古镇古村进行重点保护。济南朱家峪村、威海东楮岛村、临沂竹泉村、枣庄翼云石头部落等一大批古镇古村得以保护修复。特别是突出保护性开发意识，发掘历史文化资源，从村容村貌、民风民俗、生活场景、生产技艺等方面着眼，创意特色新兴业态，保护性开发了济宁市南阳古镇、威海市河口村、滨州市魏集镇、淄博市新城镇等一批特色鲜明、亮点突出的文化旅游古镇，包括枣庄台儿庄古城、淄博周村古商城、青州井塘古村等一大批历史文化古镇村落，再现了现代的青春活力。

（二）把握重点，分类施策，让乡村旅游活起来

山东省在乡村旅游发展过程中，始终坚持因地制宜、各逞其彩的方针，加快实现"让滨海的乡村旅游高起来、让河流、湖泊等水面动起来、让山岳热闹起来、让古村古镇等古文化资源活起来、让原生态旅游火起来"的发展目标。

1. 紧跟时代潮流，回应现实需求

一是坚持乡村旅游个性化、特色化发展方向，依托当地区位条件、资源特色和市场需求，挖掘文化内涵，发挥生态优势，突出乡村特点，开发一批形式多样、特色鲜明的乡村旅游产品；二是推动乡村旅游与新型城镇化有机结合，合理利用民族村寨、古村古镇，发展有历史记忆、地域特色、民族特点的旅游小镇，建设一批特色景观旅游名镇名村，让游客看得见山水、记得住乡愁、留得住乡情；三是实施乡村旅游精准扶贫工程，重视挖掘贫困乡村自然风光、人文景观、民俗文化，着力打造高端、精品、特色旅游产品体系，带动贫困乡村脱贫致富。

2. 在重点领域、关键环节上率先突破

促进乡村人才振兴，打造一批朱家林式的国家"双创"旅游基地，培育乡村职业经理人、乡贤名人、乡村工匠、非遗传承人，支持一批懂农业、懂旅游、爱农村、爱农民的旅游企业领军人才回乡开展"双创"活动，鼓励离退休党员干部、知识分子和工商界人士"告老还乡"到乡村助力旅游发展。组织引导旅游志愿者、艺术和科技工作者驻村帮扶。促进乡村文化振兴，以"齐鲁乡愁·山东老家"为主题，推进

图 1-4 沂南县岸堤镇朱家林田园综合体三（课题组供图）

乡村记忆工程，挖掘乡村特色文化符号，因地制宜建设一批民俗生态博物馆、乡村博物馆、历史文化展室、民俗旅游特色村。整理传承保护传统美术、戏剧、曲艺、技艺和民间传说等非物质文化遗产，鼓励支持非物质文化遗产传承人、其他文化遗产持有人开展传承、传播活动。培育具有地域特色和品牌价值的传统工艺产品，开发传统节日文化用品和民间艺术、民俗表演项目。创新策划开展花会、灯会、庙会、山会、歌会等民俗活动，打造春节、元宵节、清明节、端午节、中秋节、重阳节等传统节日旅游品牌。提升沂源七夕情侣文化节、六月六伏羊节、滨州胡集书会等文化旅游节会活动。促进乡村生态振兴，强化对自然生态、田园风光、传统村落、历史文化等资源的保护，建立省级传统村落名录，探索传统村落警示和退出机制。加强对古居、古井、古树、古桥、匾额等历史文化要素的保护。结合"空心村"改造，建设一批精品民宿村、旅游度假村。促进乡村组织振兴，支持具备条件的村庄依托旅游企业、乡村旅游合作社、乡村旅游协会、乡村旅游联合体等，开展党组织联建，发展壮大村集体经济，增强组织凝聚力和战斗力。促进乡村旅游扶贫和旅游富民，健全完善"景区带村、能人带户"的旅游扶贫模式，通过民宿改造提升、房屋入股分红、土地流转、安排就业、培训指导以及建立农副土特产品销售区，增加贫困村集体收入和建档立卡贫困人口人均收入。培育"乡村旅游后备箱"工程示范基地，鼓励包装开发面向自驾车游客的原生态农副土特产品，培育推出系列化农村旅游商品。因地制宜推进黄河滩区脱贫迁建县发展乡村旅游。

3. 根据各地乡村旅游资源禀赋条件，分门别类，因地施策

对山区型乡村旅游的开发，充分发挥山乡的自然景观资源和特色民俗文化资源优势，依托山乡农林优势产业，提炼鲜明的乡村旅游产品主题，规划建设系列山乡田园休闲体验产品，并对接旅游扶贫，拉动当地村民就业创业，依靠旅游产业发展带动村民脱贫致富。与山区型乡村相比，平原型乡村缺少起伏多变的地形地貌和丰富多样的林果种植资源，生态环境条件不突出，在旅游景观和旅游产品打造方面处于劣势。平原型乡村旅游开发，最重要的是挖掘其特色资源或优势产业，进行主题式开发，形成围绕某一主题的丰富的产品体系，让游客能够针对某一主题进行深度游，打造"人有我优""没有最好只有更好"的旅游产品品牌，从而建立起强大的市场竞争力。水岸型乡村，或靠海，或临湖临河，水资源丰富，具有营造生态景观的天然优势，重点打造集自然生态、优美风光、循环农业、创意农业、农事体验于一体的休闲农庄和田园综合体。

（三）提炼文化，塑造灵魂，形成"乡村旅游+乡村文化"模式

山东省在乡村旅游产业发展中，注重挖掘、提炼和开发山东文化中最具代表性和特色的旅游资源，形成具有齐鲁文化内涵和特色鲜明的重点文化旅游产品。一是依托国家级、省级历史文化名城及一部分地域文化鲜明的城镇，建设成为融自然风光、民族风情和历史文化为一体的乡村文化旅游片区，重点开发完善特色商业街、历史文化街区、特色餐饮文化街、中心购物街区、民俗文化街区、古玩书画一条街、夜市一条街等特色旅游街区；二是依托各地民俗文化特色鲜明的村落集镇，建设成为集民族建筑、民俗活动、民族饮食、民族风情为一体的综合性或专门性的民俗文化风情园村；三是依托各类文化博物馆，如风筝博物馆、陶瓷博物馆、地雷战博物馆、地质矿产博物馆、民俗文化博物馆、古船文化博物馆、海洋文化博物馆等，开发以展现山东悠久历史、齐鲁特色文化和风格各异的物质制作文化为主的文博旅游、科考旅游、修学旅游等特种旅游产品；四是依托具有齐鲁文化内涵的待人礼仪风俗，充分展示山东地方名特小吃、地域风味餐饮为主的，并与茶文化、酒文化等相结合的鲁菜美食文化旅游产品；五是依托山东各地丰富的土特产、美术工艺品、珠宝玉石资源，开发大众喜闻乐见的反映地域文化特色的旅游商品系列；六是开发以民族歌舞、民族体育活动、民族节庆、民俗民风等活动为内容的民俗风情旅游活动，成为中外旅游者感受、体验齐鲁特色文化的民俗旅游精品项目。

留住记忆、传承文化，已经成为山东省各地提升乡村旅游产业发展层次的重要途径。青岛市着眼于深入挖掘乡村文化内涵，提升乡村旅游品质和附加值，打造一批具有历史、地域、文化、产业特色的精品旅游小镇和特色旅游村。青岛市先后出台《青岛市乡村旅游专项规划（2015—2020）》《青岛乡村旅游扶持奖励办法》，加快乡村旅游

图1-5 "记住乡愁"煎饼大赛之一（张云摄影）

图1-6 "记住乡愁"煎饼大赛之二（张云摄影）

提档升级。以大沽河综合整治为契机，制定《大沽河旅游生态轴带规划》，把发展旅游与"美丽乡村"建设结合起来，积极培育农（渔）家风情、山林景观、滨河生态、温泉养生、田园农耕、历史民俗等多元化乡村旅游产品体系。开展红岛蛤蜊节、大珠山杜鹃花会、灵山湾拉网节、黄岛蓝莓节、大泽山葡萄节等农家乐式特色采摘活动，因地制宜，将乡村文化与观光旅游有机结合起来。临沂市紧紧围绕留住记忆、记住乡愁，做好保护和开发文章，对具有文化传承、旅游特色、乡村记忆功能的传统村落全部予以保留，对古树、石屋、石碾、石磨等乡村元素积极加以保护，真正让游客记住乡愁、找回乡恋，以打造"主题乡村"、打造精品民宿为核心，形成了"一镇一特""一村一品"的乡村旅游格局。沂水县坚持把文化特色旅游小镇建设作为沂水旅游转型升级、跨越发展的突破口，以精品民宿建设为重点，加快推进旅游小镇集群化发展，建设了瑞海温泉小镇、雪山风情小镇，以"晴天幽谷绘彩虹"为主题的彩虹文化小镇，以"天上月光、地上萤光"为主题的四门洞月亮小镇，以"风情灵幻地，水绘沂蒙山"为主题的沂蒙风情小镇、以"天上王城，天下泉庄"为主题的泉乡小镇、以"齐长城、穆陵关"为主题的驿站小镇等经过不断打造雏形初显，夏蔚樱桃小镇、四十里郁金香面包小镇和高庄兵工小镇也加快了规划建设。加快乡村连片开发，改变过去单个村单打独斗的发展模式，结合美丽乡村连片整治，将沂蒙风情旅游景区桃棵子、南墙峪、马家崖、四门洞等10个村，龙家圈镇西中峪、前湾、南黄庄等5个村，夏蔚镇大战地、长岭、云头峪等7个村等连片整体进行开发。围绕乡村旅游重点村，打造以"乡村记忆""院落农家""湖岸渔家""公社文化""红嫂精神"等文化元素为特色的主题乡村，真正让游客走出景区，走进乡村。

图 1-7　雪野全景

（四）突出特色，产城联动，形成"乡村旅游＋特色小镇"模式

山东省把文化古镇、旅游小镇、特色产业小镇建设作为乡村旅游的着力点和重要载体，依据资源条件、产业基础、规划方向，强调旅游元素、注重旅游功能、设定旅游门槛。山东省已经建成初具雏形的旅游小镇230多个，在建300多个，沂南铜井镇、泗水泗张镇、沂水院东头镇、安丘辉渠镇等成为旅游与城乡建设有机融合的典范。沂水县泉庄生态旅游小镇、莱芜雪野湖休闲度假小镇、微山县南阳古镇等文化旅游古镇保护建设已初见成效。枣庄市大宗村、临沂市铜井镇等，通过发展乡村旅游业，建起了停车场、公共厕所，完善了水电气、邮政、通信、金融、商贸、文化、卫生等公共设施，以及休闲、健身、娱乐等配套设施，所有城镇具备的公共服务功能都一应俱全。潍坊辉

渠镇以镇驻地为核心建设了乡村旅游度假区，2200多人从事餐饮、住宿、采摘等乡村旅游经营服务，占劳动力总数的45%，真正实现了"人的城镇化"，有力促进了城乡统筹发展和一体化发展。济宁市的南阳古镇位于微山湖北端的南阳湖中，距今已有2200年的悠久历史，文化旅游资源十分丰富。为促进南阳古镇的保护整治与旅游开发，当地政府在2007年聘请专家编制了《微山县南阳古镇保护与旅游发展

图1-8 雪野航拍全景

规划》，2008年成立了南阳古镇旅游管理委员会和微山县南阳古镇旅游开发有限公司，实施了古运河景观廊道建设、四个码头建设以及古商业街沿街民居恢复改造、钱庄修复、湖中运道和利建闸修复等工程，建设营造出碧水环抱，运河荡漾，绿水、垂柳、荷花、石巷、老房子、古商铺等浑然一体的文化旅游体验景观。南阳古镇也被授予中国旅游文化名镇、国家历史文化名镇、中国特色旅游景观名镇、山东省旅游强乡镇、山东最美村镇，湖中运道及利建闸被列入世界文化遗产名录。

（五）不忘初心，传承火种，形成"乡村旅游＋红色资源"模式

山东有着光荣、悠久的革命传统，在抗日战争、解放战争时期，山东人民为民族解放和民主革命胜利做出了巨大贡献。山东是文化资源大省，红色文化资源更是丰富多彩，主要分布在以临沂为中心的沂蒙山老革命根据地，以及原冀鲁豫边区的鲁西地区、铁道游击队活动区、胶东革命根据地和渤海革命老区。一是数量多。山东省不可移动革命文物1600余处，其中全国重点文物保护单位15处，省级文物保护单位194处，市县级文物保护单位597处。可移动革命文物共计94091件，其中珍贵文物3162件/套。二是类型全。不可移动文物包含革命旧址、遗址，如烈士墓、烈士祠、陵园、纪念碑、塔、亭，故居、旧居，纪念馆、纪念堂等。三是跨度大。从鸦片战争到社会主义建设改革时期，时间跨度长且有连续性。四是分布广。不可移动革命文物主要分布在沂蒙（鲁中、鲁南、滨海）、胶东、渤海、鲁西（冀鲁豫边区）四大片区。可移动革命文物山东省16市均有分布，其中济南、青岛、济宁的藏品量居前三位。从文物类别看，文件、宣传品、邮品、图书的收藏量最大。科学地保护与开发红色文化遗产，对于发挥红色文化遗产价值与功能，加强革命传统教育，增强人民特别是青少年的爱国情感，弘扬和培育民族精神，带动革命老区经济社会发展，具有重要的现实意义和深远的历史意义。

依托红色文化资源，山东革命老区乡村旅游开发如火如荼。临沂市沂南县马牧池乡常山庄，地处红嫂乳汁救伤员的真实发生地，保留多处沂蒙革命根据地的遗迹，有红嫂原型明德英故居、沂蒙母亲王换

于故居、"小车队长"李家才故居、战邮会纪念馆、中共山东分局旧址、山东纵队司令部旧址、苏鲁豫皖边区省委旧址、山东抗日军政干部学校、抗大一分校旧址、北海银行旧址、火线桥旧址、战地托儿所旧址、战时总医院旧址、战时兵工厂旧址、战地供销社旧址、妇救会会长李桂芳带领姐妹们为部队架起的火线桥旧址等红色遗迹30余处。临沂市充分发挥常山庄村革命资源优势,于2009年打造沂蒙红色影视基地。目前,沂蒙红色影视基地已经成为以影视拍摄服务为主,兼具红色旅游、红色写生、爱国主义教育、休闲娱乐等功能的综合性旅游区,国家4A级旅游景区,中国"十大最美乡村",入选《全国红色旅游经典景区名录》,被称为"山村好莱坞""中国文化旅游新地标""第三批中国传统村落",在这里已经拍了电视剧《沂蒙》《永不磨灭的番号》、电影《铁道飞虎》等近300部知名影视剧,成为地方旅游业发展和农村脱贫致富的重要平台。在临沂,别具沂蒙红色风情的"沂蒙小调"系列食品、"六姐妹"系列食品、"沂蒙老区"酒以及"拥军布鞋""拥军独轮车"已形成生产规模。在沂水县,当年沂蒙大嫂为支援前线的子弟兵而做的"拥军布鞋",如今经过"文化创意"也被做成了大产业,几乎家家户户都有制鞋作坊,并形成了占地800亩的"中国布鞋城",仅此一项当地农民人均年增收就达3000多元。

(六)紧贴市场,突出创新,形成"乡村旅游+创意产业"模式

山东乡村旅游紧紧把握旅游市场脉动,迎合时尚前卫的消费趋向,突出创新创意,不断推动产业升级换代,引领业界发展潮流,乡村创意旅游形成了独特的特色和模式。一是发展创意农业旅游,即以休闲农业、农业观光、农家乐等形式,开展农事体验、农业科普等活动的乡村创意旅游;二是发展乡村文化创意旅游,即以本地民间民俗、历

图 1-9　沂南县岸堤镇朱家林田园综合体一（课题组供图）

史文化等为核心资源，以文化体验、文化演艺和民间手工艺等为核心内容的乡村创意旅游；三是发展乡村艺术旅游，即以乡村地区为空间载体，形成艺术创作空间，开展艺术旅游。

朱家林田园综合体位于岸堤镇西北部，辖10个行政村，四季分明、物种丰富、空气优良，山岭俊秀、田园旖旎、道路交通良好，具有典型的沂蒙山区特色，具备发展乡村旅游的优良条件，是独具特色的"创意型田园综合体"的代表。2017年，朱家林成为山东省唯一的一个国家级田园综合体，连续三年获得财政资金2.1亿元支持，朱家林模式被列入"乡村振兴齐鲁样板"。朱家林田园综合体是在朱家林生态艺术社区基础上发展而来，以"创新、三美、共享"为发展理念和总体定位，遵循"保护生态、培植产业、因势利导、共建共享"的原则，以农民专业合作社、农业创客为主体，以创意农业、休闲农业、文创产业为核心，集创意农业、农事体验、田园社区于一体的"独具特色的创意型田园综合体"。目前，朱家林田园综合体重点打造了以生态建筑、乡土文创、朴门农场、青创众筹、创意策划等永续环保项

图1-10 沂南县岸堤镇朱家林田园综合体二（课题组供图）

目为核心的青年创客中心、乡村美学馆、沂蒙生态建筑实验基地等工程，中国乡村旅游创客示范基地、青年返乡创业平台、创意工坊、创意创客、农业创客、新农人蚕宝宝家庭农场、桃木桃、山东田间地头农业发展有限公司等创意企业入驻，成为青年返乡创业基地、乡村旅游示范基地、城乡资源的优秀对接平台。

（七）五级联动，利益共享，形成合理高效的乡村旅游开发模式

山东省构建起"五级联动"的乡村旅游管理体系。山东省旅游工作联席会议将发展乡村旅游作为重要议事内容，定期组织调研，研究解决重大问题，各成员单位和其他相关部门重点抓好本行业涉及乡村旅游发展的相关工作，会同市、县（市、区）共同抓好示范项目建设和经验推广，对列入省级的示范项目给予重点指导与扶持。各市、县（市、区）政府要重点抓好本地区乡村旅游提档升级的组织领导、督查指导工作，完善政策，整合资源，抓好落实。重点镇、村要明确机构或人员负责乡村旅游相关工作。

促进旅游村镇基层党建发展。乡村旅游产业发展带动了基层党组织建设，强有力的党组织建设推动了乡村旅游产业更好的发展。泰安大汶口镇山西街村党支部引进北京中天伟路公司，探索党组织"村企联建"，有效整合党建资源，走出了一条基层党组织建设的新路。枣庄千佛崖村在党支部带领下，成立旅游合作社，探索"村党支部＋合作社＋农户"的经营发展模式。沂南县铜井镇成立马泉旅游圈党委，党委下设 4 个职能支部和 5 个旅游产业党支部，产业党支部带领党员、村民发展旅游特色产业，打造"党建＋旅游"新模式，为旅游产业加出了特色、加出了实效、加出了生命力。

鼓励创新乡村旅游发展模式。坚持农民主体与吸引社会资本投入相结合，引导农民发展乡村旅游专业合作社，采取入股、参股、合作等方式，对乡村旅游资源实施整体开发，形成了合作社＋农户、公司＋农户、公司＋合作社＋农户、村委会＋公司＋农户、公司化经营等多种发展模式。截至目前，山东省已发展各类乡村旅游专业合作社 800 多家，入社会员近 1.3 万户，公司化经营乡村旅游点 200 多家。通过发展乡村旅游，进一步提升了农民的组织化程度，促进了乡村社会的文明进步，让乡村治理更加有效。

乡村旅游振兴"齐鲁样板"典型案例之一

乡村旅游"郝峪模式"

山东省淄博市博山区池上镇中郝峪村位于鲁山脚下，共113户人家340人。该村原本是一个远近闻名的贫困村，但这里风光秀丽，森林覆盖率极高，具有发展乡村旅游的天然生态条件。

从2003年开始，村里利用1万元启动资金开办了5家农家乐。但是，随着农家乐增多，村里的旅游秩序越发混乱，争抢客源的事情时有发生，严重影响了该村的旅游形象。村里决定成立一家运营公司，由公司统一制定标准，统一进行管理。2012年5月，中郝峪村全体村民入股641.6万元成立了淄博博山幽幽谷旅游开发有限公司，村集体占股15%，113户村民占股85%，全村股份制发展，公司化运营。公司多年来积极探索与农户的利益联结机制，合理分配资源，发展乡村旅游，带动全村村民共同致富，并逐步形成了具有自身特色的脱贫致富新模式——"郝峪模式"。

图1-11　中郝峪村（淄博市委宣传部供图）

2017年，依托"公司运作＋单体承包＋村民入股"的模式，淄博博山幽幽谷旅游开发有限公司取得了良好的收益：实现了年接待游客量17.8万人次，全村综合性收入2840万元，人均年收入从2003年

图 1-12 中郝峪的蓝天白云（淄博市委宣传部供图）

的不足 2000 元达到现在的 3.8 万元，人均年收入 15 年时间增长了 19 倍。国家乡村振兴局多次到中郝峪村实地调研，参考该村公司化运作带动农户脱贫致富的方式，制定了全国精准扶贫的保底收益＋二次分红的新模式。几年来，河北、河南、内蒙古、山东等 800 多个村庄依托"郝峪模式"走上了共同致富的道路。

中郝峪村曾获评首批"全国休闲农业和乡村旅游示范点""中国乡村旅游模范村""中国乡村旅游金牌农家乐""全国森林康养示范建设基地"等荣誉，同时也获得了"山东省先进基层党组织""山东省休闲农业与乡村旅游示范点""山东省农业旅游示范点""山东省生态文明村""山东省乡村旅游示范村""山东省乡村文明行动示范点"等诸多荣誉和肯定。中郝峪村发展乡村旅游的主要做法如下：

一、积极探索"公司运作＋单体承包＋村民入股"的综合性发展模式。该村进行了集体资产股份制改革，鼓励村民以土地、山林、资金、劳动力入股，通过公司化运作、单体承包责任制、村民入股的方式，进行公司旅游项目的开发和运营。公司根据项目收益为村民分红，村民不再是打工者，而是成了每个项目的创业者，公司有收益，村民有收益，各司其职，和谐共生。公司化运营的扶贫目标是不让每一位村民掉队，所以对于村内的 37 户贫困户，公司给予了相应的"照

图 1-13　中郝峪村旅游项目路标（淄博市委宣传部供图）

顾"：公司根据每一个贫困家庭的现状，承包给他们不同的项目让他们运营，并且公司拿出所有收益的 20% 用作全村村民的固定收益。到目前为止，中郝峪村 37 户贫困户已经全部实现脱贫。

二、公司对农户运营项目制定服务标准，帮助农户脱贫致富。公司详细制定了各类项目的运营标准，如《民宿建设标准》《农家乐服务标准》等，确保各类项目标准化建设和标准化管理运营。公司会对运营服务人员进行定期培训，让他们严格按照标准化工作流程进行服务。农户严格按照公司制定的标准来接待游客，促进了公司旅游扶贫进程。

三、农户充分发挥自身作用，带动公司各个项目健康发展。在"公司运作 + 单体承包 + 村民入股"发展模式的运营过程中，农户严格执行公司制定的服务标准。农户充分发挥自身的优势，把游客当作亲人来对待，吸引了游客，留住了游客，帮助公司将"热情好客"的品牌打了出去，带动了公司各个项目健康发展。农户与公司进行联结，真正形成了一种"公司 + 农户运营"的良性循环局面，带动了"公司 + 农户运营"旅游扶贫工作。

四、不断推动旅游业态、产品更新。从 2014 年开始，淄博博山幽幽谷旅游开发有限公司依据村民的生活习惯、传统民俗开发了特色

图 1-14　中郝峪村集群式农家乐（淄博市委宣传部供图）

旅游项目。全村有 95 户农民参与了农家乐的经营。在开发中，他们重点改造、翻建了全村 103 户闲置危房，开发了以休闲度假、体验为主的农家乐 103 家，其中 5 家被评为省级五星级农家乐，20 家被评为省级四星级农家乐。中郝峪农家乐的经营模式是一大特色，游客可以购买一张票，吃遍多家农家乐的特色美食。该公司还先后建成了王者荣耀、后羿归来、寒冰射手、幽幽谷农场牧场、拓展培训中心、乡村美食课堂、农事体验园、采摘园、幽幽谷农耕文化活态长廊、中郝峪村森林康养基地、中郝峪文化大院、乡村记忆馆、社会主义大食堂、山东鲁中农村青年创业创新园区等多个项目，让村民在家当老板、有活干、有钱赚，让游客在多种选择中得以休闲放松，收获欢乐。

图 1-15　中郝峪村热情的村民（淄博市委宣传部供图）

乡村旅游振兴"齐鲁样板"典型案例之二

旅游融合"丘山谷模式"

丘山谷葡萄酒休闲体验区位于蓬莱中部，规划面积24平方千米，是蓬莱"一带三谷"葡萄酒产业发展布局中的核心板块，也是蓬莱全域旅游发展三大板块之一。该片区内自然风光优美、人文资源丰富、旅游资源富集：有道教名山丘山及蓬莱境内最大的水源地丘山水库，有道教全真道掌教丘处机修道场所丘祖庙，有以中国乡村旅游模范村木兰沟村为代表的美丽乡村9个，有亚洲唯一一个由法国拉菲集团投资建设的拉菲酒庄为代表的葡萄酒庄7个，有被誉为胶东虎将的民族战斗英雄夏侯苏民的纪念馆，有中国马术协会训练基地、国内唯一渤海马繁育基地和圣马场。依托片区内的特色资源，丘山谷先后开发了酒庄体验、马术骑乘、农家美食、特色民宿、果蔬采摘等旅游项目。

丘山谷坚持差异化、集群化、品质化的发展理念，从一个默默无闻的山区，迅速发展成为年接待游客35万人次、综合收入2亿元的乡村旅游集群片区。该片区发展乡村旅游的主要做法如下：

一、立足差异化，高起点定位，高标准规划，为丘山片区发展奠定坚实基础。蓬莱是著名的海滨旅游城市，但这里传统观光景点多，休闲度假体验区少。为此，蓬莱市委、市政府按照"全域旅游"的发展理念，顺应乡村旅游发展趋势，结合当地特色资源，提出了以打造开放式5A级景区和国内知名、省内唯一的葡萄酒旅游片区为目标，集全市之力推动丘山谷葡萄酒休闲体验区发展，推动全市旅游由观光旅游向休闲度假转变。该市先后聘请了多家国内一流规划设计单位，编制了《丘山片区乡村旅游概念规划》《丘山生态旅游休闲度假区总体规划》《木兰风情村旅游发展控制性规划》《木兰沟村改造提升详规》等。这一系列规划的编制和实施，为片区发展指明了方向。

二、立足集群化，政府强力引导，企业迅速跟进，为丘山片区发展提供重要支撑。一个片区的发展需要有多个点来支撑，由点连线及面，才能真正成为发展集群。丘山谷片区打造之初，虽然区内自然风光秀丽，但没有项目支撑、没有看点。为此，蓬莱市成立了由市委、市政府主要领导挂帅的丘山谷片区指挥部，并出台了三项措施。一是凡是落户片区的项目，建立"三个一"工作机制，即一名市级领导、一个责任单位、一个工作专班，为项目提供全程优质服务；二是发改、农业、交通、水务、旅游等部门在争取上级资金项目和政策时，优先向片区倾斜，全力推进片区基础设施建设；三是片区内9个村每个村明确一个帮扶单位，负责硬化村庄道路、改善村庄环境、帮助农民增收。

蓬莱市政府先后投入资金3.35亿元，完成丘山水库除险加固工程，建设旅游观光大道9千米，村内通及联村路水泥路面105千米，道路绿化及排水沟浆砌8千米，正在启动自来水厂、污水处理厂、游客接待中心等基础服务设施建设。在蓬莱市委、市政府的强力推动下，和圣农业技术开发、香港立雄、拉菲罗斯柴尔德男爵拉菲集团、中信兴业集团、蓬莱阁文化旅游集团、鸿坤文旅集团等10余家国内外企业集团纷纷落户，开发项目总投资超过40亿元。目前和圣马场、苏各兰酒堡、纳帕溪谷酒庄、木兰沟精品民宿、夏侯苏民纪念馆已对外营业，2019年，拉菲酒庄、逃牛岭酒庄、百马乐园等项目全部建成运营。同时，依托7个葡萄酒庄和6700亩葡萄种植基地，他们大力发展葡萄与葡萄酒产业，通过"酒庄＋基地＋农户"的经营模式，将农民变成产业工人，带动农民人均增收4万元。

三、立足品质化，挖掘文化内涵，突出地域特色，为丘山片区发展插上"翅膀"。高品质、有特色，才能吸引游客、赢得市场、获得口碑。为此，蓬莱市委、市政府从规划设计入手，引进建设了风格迥异、各具特色的项目，如独具北美风情的纳帕溪谷酒庄、演绎贵族文化的苏各兰酒堡、凸显休闲慢生活的逃牛岭酒庄，还有古典中式的传统木屋、胶东特色的精品民宿。他们依托独具特色的酒庄和胶东文化，打造特色餐饮：逃牛岭酒庄引进了米其林等国际餐饮品牌，苏各兰酒堡推出了高档英式西餐，和圣农业推出了无公害有机餐厅，文旅集团开发了胶东农家餐饮等，让游客在游玩的同时，吃出特色、吃出文化。

酒香也怕巷子深。为提高丘山山谷的知名度和吸引力，旅游部门围绕葡萄酒冷餐会、酿酒DIY、葡萄采摘、酒庄婚礼、酒庄摄影等，打造了葡萄酒特色旅游线路。旅游、体育等部门先后组织举办了丘山谷酒庄超级马拉松、周末酒庄Party、葡萄采摘节等体验性、参与性强的活动，以及全国青年马术盛装舞步锦标赛、全国青少年场地障碍U系列障碍赛、全国现代五项冠军赛马术总决赛等专业马术赛事。一系列活动和赛事的成功举办，提高了公众对丘山谷的关注度，提升了丘山谷的知名度。

借助蓬莱独特的葡萄与葡萄酒资源，丘山谷葡萄酒养生体验区将旅游与葡萄酒两大主导产业完美嫁接，实现了旅游业与三次产业的有机融合，为蓬莱全域旅游在创新发展中找到了一条突破路径，形成了独具地域特色的发展模式。

乡村旅游振兴"齐鲁样板"典型案例之三

休闲旅游"代村模式"

代村社区地处兰陵县城西南城乡接合部，共3685人，现有经营权土地10000亩。2017年，村集体各业总产值26亿元、纯收入1.1亿元、村民人均纯收入6.5万元。代村社区先后荣获"中国美丽乡村""中国最美休闲乡村""中国乡村旅游模范村""全国休闲农业与乡村旅游示范点""全国十佳休闲农庄""国家AAAA级旅游景区""全国休闲农业与乡村旅游五星级企业""好客山东最美乡村"等荣誉称号。

1999年以来，代村紧紧围绕"实施旧村改造升级，逐步实现居民楼房化，土地经营集约化，农业发展产业化"的思路，以建设生态、和谐家园为目标，实施旧村改造工程，建设和谐魅力新代村，实行村

图1-16 调研临沂兰陵县代村社区（课题组供图）

庄规划和住房建设监管制度，严控住房建设。目前，代村已建成居民楼65栋、老年公寓2处、"小康楼"160户，安置村民1000余户。文化广场、社区医院、便民服务中心、省级规范化小学、幼儿园、妇女儿童家园等公共服务设施全部建成，共腾出土地2000余亩。

图1-17 调研临沂兰陵县代村社区省级农业科技园之一（课题组供图）

2006年，代村邀请中国农业科学院编制完成了《山东省苍山现代农业示范园总体规划》，将现代农业示范园定位为科技展示、产业孵化、组培研发、物流配送、农业旅游等为一体的园区，实现了提升规模效益与可持续发展的目标。2012年9月，山东省旅游规划设计研究院编制完成了《兰陵国家农业公园旅游总体规划及重点项目控制性详细规划》。由此开始，代村正式启动了"苍山现代农业示范园"和"兰陵国家农业公园"的"双园"一体化开发建设。"双园"核心区规划面积2万亩，计划投资10亿元，园区实行"统一规划、政府引导、企业和农民参与、市场化运作"，由代村集体股份制企业山东新天地现代农业开发有限公司开发建设和管理运营。目前，累计完成投资10亿元，建成了农展中心、农展广场、锦绣兰陵、兰香东方、华夏菜园、沂蒙山农耕博物馆、雨林王国、竹林水岸、新天地游乐场、新天地生态酒店、银湖度假村、湿地涵养区、大田风光区。通过打造现代农业示范园，打造现代农业发展平台，建设多种高效的温室、育苗基地等，提高了农产品的产量与质量，实现休闲农业产业园区化发展和管理。

此外，代村还积极推动"全民创业"，规划建设了代村商城。代村商贸（物流）城长远发展规划占地近千亩。一期工程规划占地300

图 1-18　调研临沂兰陵县代村社区省级农业科技园之二（课题组供图）

图 1-19　调研临沂兰陵县代村社区省级农业科技园之三（课题组供图）

图 1-20　临沂市兰陵中国知青村之一（课题组供图）

图 1-21　临沂市兰陵中国知青村之二（课题组供图）

图 1-22　临沂市兰陵中国知青村中国知青馆（课题组供图）

亩，建筑面积8万平方米，设计建设主流商铺1600家。代村商贸（物流）城的总体功能定位是：立足县城、面向全县、辐射周边、对接全国，方便城乡居民生活、服务三个产业发展。代村商贸（物流）城包括蔬菜瓜果、粮油副食品、干鲜海（水）产、土（特）产杂品、装饰建材、家具家居、五金家电、日用百货、文教用品等交易分区和仓储物流、停车集货、餐饮娱乐等服务小区，是区域性的综合商贸（物流）服务中心。

2017年以来，代村新建成临沂农展馆、辉煌中国、幸福家园、中国知青村，吸引了10家企业、6家专业合作社、200多个种养大户入园经营。代村创建了4个有机食品品牌、10个绿色食品品牌，承办了六届中国兰陵（苍山）国际蔬菜产业博览会，几年来先后接待国内外游客数百万人次，举办新农民培训班500多期，取得了良好的经济效益、生态效益和社会效益。

这样的改变源于代村积极创新党组织设置方式，成立产业或行业党支部。2008年10月，卞庄街道党工委按照县委关于调整和完善村级党组织设置的有关精神，把创新党组织设置方式作为引领社区科学发展的重要举措。按照"产业相近、资源互补、地域相邻"的原则，代村联合周边五个村庄组建了代村社区党委，通过党组织融合带动组织资源、人才资源和经济资源的整合，适应了经济社会发展需要，为建设社会主义新农村提供了坚强的组织保障。

代村注重民生建设，坚持重大事项民主公决制度，接受社会监督，增强了社区党委、村委会的凝聚力、号召力，树立了党员干部廉政为民的良好形象。代村社区实行"统一供给"制度，社区每年向村民统一发放米面油等生活用品，统一发放住房补贴，统一支付新型合作医疗资金，统一支付农村养老保险，统一安排60岁以上老年人入住老年公寓，并按月发放生活补助，统一实行居民子女助学奖学制度，解决了群众就医、养老、入学等保障问题，人心稳定，安居乐业。

乡村旅游振兴"齐鲁样板"典型案例之四

旅游扶贫"竹泉模式"

竹泉村位于山东省临沂市沂南县铜井镇,因村中有一清泉,泉边多竹,得名竹泉村。泉依山出,竹因泉生,村民绕泉而居,砌石为房,竹林隐茅舍,家家临清流,田园瓜果香,居者乐而寿,是中国北方难得一见的桃花源式的村落。竹泉村的竹林、泉水、古村落的自然形态和各种民俗项目的展示保护是当下中国美丽乡村建设的典范。竹泉村先后荣获山东省逍遥游唯一示范点、山东省首批自驾游示范点、中国

图1-23 临沂市沂南县铜井镇竹泉村之一(临沂市文广新局供图)

人居环境范例奖、全国休闲农业与乡村旅游示范点、中国休闲创新奖、中国乡村旅游模范村等诸多荣誉,2010 年被评为 AAAA 级旅游景区,2014 年被授予"中国十大最美乡村"的荣誉称号,2016 年被列入第四批中国传统村落名录公示名单,2019 年入选首批全国乡村旅游重点村名单。

2007 年,沂南县利用竹泉村清泉、翠竹、古村落的生态和民俗文化资源,走旅游扶贫综合开发的路子,建设体现沂蒙特色、竹泉景观、农家风情,包含度假、休闲和观光功能的旅游景区。2008 年起,由山东龙腾竹泉旅游发展集团有限公司投资进行保护性开发,历经数年,已逐渐打造成为集生态观光、休闲度假、民俗体验于一体的综合性乡村旅游度假区,探索出"政府引导、市场运作、整体搬迁、多方受益"的新路子,成为山东省第一个逍遥游示范点、第一个系统开发的古村落、第一个搬迁安置速度最快的景区,被山东省旅游局誉为"竹泉开发模式"。竹泉村在规划、资本投入、村庄建设上实现了大的突破,创新了旅游扶贫开发新模式。

一、经典创意的大规划。竹泉村坚持"高标准、做精品"的理念,

图 1-24　临沂市沂南县铜井镇竹泉村之二、之三(临沂市文广新局供图)

图 1-25　临沂市沂南县铜井镇竹泉村之四（临沂市文广新局供图）

围绕"山、水、竹"做文章，以沂蒙原生态古村和沂蒙山乡民俗为资源优势和文化特色，将竹泉景观、沂蒙民俗与自然生态有机融合起来，打造具有沂蒙特色、泉乡个性、竹乡景区、农家风情兼备的生态休闲旅游度假区，成为山东省第一个系统开发的古村落，开创了旅游休闲的一种全新模式。

二、吸引民营资本进行旅游扶贫综合开发。竹泉村走的是旅游扶贫综合开发的路子，该村积极吸引民营资本投入竹泉村开发建设。山东龙腾竹泉旅游发展集团投资 3.56 亿元开发建设了竹泉山水风景区，包括竹泉村、桃花洞、红石寨三个特色各异的景区，使得这一区域内的独特资源能够被充分发掘利用、相得益彰。

三、建设两个"新村"。竹泉村清泉、翠竹、古村浑然一体，景观独特，但生活基础设施落后，改造难度大。因此，该村开发建设了两个"新村"：作为景区的新竹泉村和安置搬迁村民的竹泉新村，彻底解决了景区的开发空间和村民的安置、发展问题。

四、做到"三个结合",实现多方共赢。竹泉村的旅游扶贫开发,做到了"政府引导、协调与市场运作的有机结合,项目开发与新农村建设的有机结合,旅游产业发展与群众致富的有机结合",既实现了旅游资源的充分利用,优化了生态环境,又增加了农民收入。

政府引导、协调、支持与市场运作的有机结合。发挥政府在旅游扶贫开发中引导、协调与扶持的作用,竹泉村用活用足上级政策,坚持不以牺牲群众利益为代价,政府受益可以减少甚至是零受益,最大限度地让利于群众。该村专门成立了竹泉村旅游扶贫开发建设指挥部,最大限度地为旅游扶贫开发提供优质服务。总投资近亿元的香山河流域治理、沂蒙生态大道、沂蒙泉乡大道、景区沿线环境治理等工程,极大地改善了竹泉村的周边环境。政府的全方位支持,激活了旅游投资市场,令民营资本敢于投资。

旅游扶贫开发与新农村建设的有机结合。竹泉安置新村整体进行了高标准规划设计,在实现简陋石墙住房向四间正房、两间偏房新居改变的同时,用电、用水、照明、道路、绿化、卫生厕所等设施也进行了配套建设,竹泉安置新村成为规划整齐、环境整洁、配套完善的生态宜居村落。

旅游开发与群众致富的有机结合。竹泉村积极鼓励群众参与旅游扶贫开发建设,带动群众致富;在景区管理服务人员聘用上,优先选择当地群众;大力发展生态农业,发展劳作、采摘等农事体验项目,增加农民收入;建设与景区风格协调的"泉上商业街",为村民提供旅游商品销售、餐饮服务经营场所。竹泉村旅游扶贫开发以来,取得了明显的社会效益和经济效益,带动了当地农民依靠旅游致富,推动了地方经济增长。

第二章 乡村公共文化服务振兴"齐鲁样板"研究

党的十八大以来，以习近平同志为核心的党中央将加快构建现代公共文化服务体系纳入"四个全面"战略布局，提出到 2020 年"公共文化服务体系基本建成"的战略目标。2018 年中央一号文件《中共中央 国务院关于实施乡村振兴战略的意见》提出"产业兴旺、生态宜居、乡风文明、治理有效、生活富裕"的总体要求，并指出"乡村振兴，乡风文明是保障"[1]，而乡风文明建设的关键在于对农村公共文化服务水平的提升。

城镇化发展进程中，乡村社区公共文化服务体系建设不断呈现新的特点和需求。一方面，乡村人口跨区域、跨城乡流动性加强，文化交流增多，乡村群众的文化视野和需求更加多元，加之政府、市场、社会多元参与公共文化产品供给，以及现代传媒广泛应用，信息化的文化传播不断深入，以往乡村文化相对封闭的局面被打破，乡村在推进基本公共文化服务均等化、建立开放的公共文化服务参与机制、丰富公共文化服务的内容和形式等方面，与城市具有一致性。另一方面，地区经济发展不均衡仍然存在，自然生态及文化传承也存在地域差异，不同地区乡村公共文化的资源禀赋、群众需求、服务机制等具有差异性。从城乡一体化发展的总体布局出发，关注乡村的自然生态、文化传统、生产生活等综合因素，研究乡村公共服务体系建设的作用和实践机制，具有必要性。

---

[1]《中共中央 国务院关于实施乡村振兴战略的意见》，中国政府网。

一、乡村振兴与公共文化服务

如图 2-1 所示,《意见》对实施乡村振兴战略进行了全面部署。到 2020 年,乡村振兴取得重要进展,制度框架和政策体系基本形成;到 2035 年,乡村振兴取得决定性进展,农业农村现代化基本实现;到 2050 年,乡村全面振兴,农业强、农村美、农民富全面实现。打造乡村振兴的"齐鲁样板",要持之以恒地抓好乡村产业振兴、人才振兴、文化振兴、生态振兴、组织振兴。而其中最为重要的抓手是公共文化服务要做到有标准、有网络、有内容、有人才。2015 年 6 月,山东省《关于加快构建现代公共文化服务体系的实施意见》颁发,同时发布《国家基本公共文化服务指导标准(2015—2020 年)》。按照该标准要求,以市、县、乡(镇、街道、社区服务中心)、村(居)基本公共文化设施覆盖率,市、县、乡、村四级公共文化设施标准化,城乡、区域公共文化服务均等化的建设目标,在山东省展开。为解决城乡二元对立关系,对农村公共文化服务进行全面的提升,把公共文化资源向农村倾斜,为村民提供更为优质的文化产品和服务内容,从而通过提高乡村文化生活水平,达到乡村生活品质的提升。

年份	比例	目标
2020	60%	制度框架和政策体系基本形成
2035	80%	乡村振兴取得决定性进展,农业农村现代化基本实现
2050	100%	乡村全面振兴,农业强、农村美、农民富全面实现

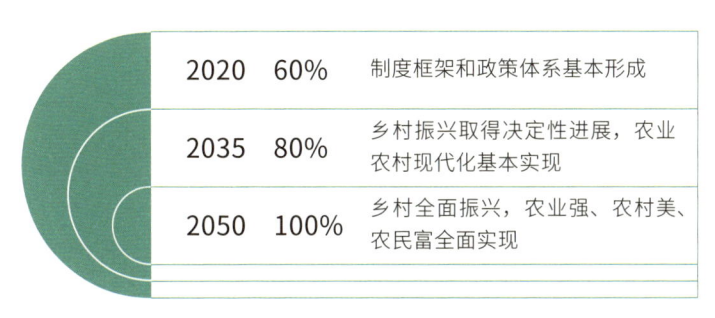

图 2-1 《意见》规定乡村振兴战略的目标任务

（一）乡村公共文化服务体系

公共文化服务体系是一个多元的服务系统。公共文化服务的主体是政府、企业、非营利组织，农村群众是乡村公共文化服务的对象，而服务的内容包括设施和产品两个方面。整体来看，乡村公共文化服务包括乡村基础公共文化服务和乡村文化建设两个构成部分，基本公共文化服务包括政府通过电影放映、农家书屋、广播电视、文艺下乡等为乡村民众提供服务。乡村文化建设是公共文化服务的较高要求，包括如何利用地缘文化更好地传承发展传统文化，并通过文化产业发展的形式来提升地方文化品质，提升人们的文化生活品质和文化自信。加强乡村公共文化服务就是一条有效途径，可为提升乡村公共文化服务效能、培育乡土文化本土人才、促进社会组织参与乡村文明建设、活跃农村文化市场及丰富农村文化业态等提供有力保障。

图 2-2　公共文化服务体系示意图

乡村公共文化建设是公共文化服务体系的一部分，其要义在于在挖掘传统文化的同时，重新建构完整的文化生态，提升文化空间的质量，进而起到提升乡村文化生活标准的作用。当前乡村公共文化服务体系研究主体主要集中在乡村公共管理、马克思主义与思想政治教育研究等研究领域，研究重点在于乡村公共文化发展结构优化，集中在制度建设、硬件设施、社会保障和服务绩效等基本公共文化服务层面，对于乡村文化建设研究存在不足。

山东省是一个农业大省和人口大省，农业人口达6000多万人，占山东省总人口的2/3左右。在实现经济强省的同时，文化发展同样不可忽略。山东省有17个地级市、135个县（市、区），均建有图书馆，山东省二级以上图书馆数量位居全国第一。为农村广大群众提供公共文化服务是当前乡村公共文化服务体系建设中的重要内容。乡村公共文化服务建设是涉及战略决策、顶层设计、制度建设、运行机制和评价体系的系统工程。

调研借鉴了中心地理论方法，采取典型乡村与特色服务相结合的研究方法，对典型乡村的公共文化服务系统和文化建设进行调研。课题组的调研重点在于对于乡村公共文化服务体系效果的评估，通过对于不同地域文化特点的公共文化建设投入和效能的对比，分析当前公共文化服务建设现状和面临的主要问题，并提出发展建议。

（二）中心地理论与调研路径

中心地理论是由德国城市地理学家克里斯塔勒（W.Christaller）和德国经济学家廖什（A.Losch）分别于1933年和1940年提出的，20世纪50年代起开始流行于英语国家，它是研究城市群和城市化、区域经济学的基础理论之一。在区域规划中，按照中心地理论可合理地布局区域的公共服务设施和其他经济和社会职能。其研究内容包括：关于城市等级划分的研究；关于都市与农村区域相互作用的研究；关于城市内和城市间的社会和经济空间模型的研究；关于城市区位和规模，以及职能为媒介的城市时空分布的研究；关于零售业和服务业的区位布局、规模和空间模型的研究。克氏的研究框架对于中国城镇化进程中乡村公共文化服务的研究具有借鉴意义。借用克氏理论，根据地理位置的不同，不同乡村类型的发展具有各自的特点，根据其市场原则、交通原则和行政原则的差异形成不同的发展特点。

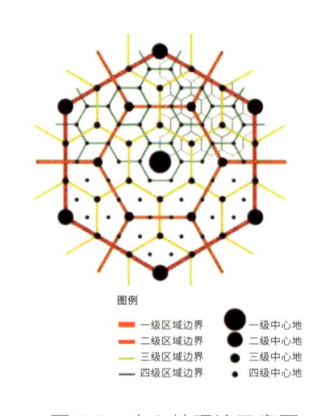

图 2-3 中心地理论示意图

在调研中，课题组把山东省作为一个整体单位，分为若干个中心的框架模型进行解构，研究不同类型乡村的公共文化服务和整体性文化发展问题。按照管理范围，可以分为中心村、行政村和自然村三种基本类型。从规划角度看，中心村是由若干行政村组成的，具有一定人口规模和较为齐全的公共设施的农村社区，它介于乡镇与行政村之间，是城乡居民点最基层的完整的规划单元，也是城镇体系的基本单元之一。也就是说中心村是一个规划概念，是指在城镇建设空间布局时，能达到支撑最基本的生活服务设施所要求的最小规模的点。行政村是指政府为了便于管理，而确定的乡下边一级的管理机构所管辖的区域，几个相邻的小村可以构成一个大的行政村。行政村是中国行政区划体系中最基层的一级，设有村民委员会或村公所等权力机构。自然村是由村民经过长时间聚居而自然形成的村落。

根据 2019 年最新统计，山东省辖济南、青岛、淄博、枣庄、东营、烟台、潍坊、济宁、泰安、威海、日照、临沂、德州、聊城、滨州、菏泽16个地级市，县级单位137个（市辖区55个、县级市26个、县56个），乡镇级行政单位1824个，其中街道办事处660个、镇1094个（回族镇4个）、乡70个。山东地势中部山地突起，西南、西北低洼平坦，东部缓丘起伏，地形以山地丘陵为主，东部是半岛，西部及北部属华北平原，中南部为山地丘陵，形成以山地丘陵为骨架，平原盆地交错环列其间的地貌，包括山地、丘陵、台地、盆地、平原、湖泊等多种类型；地跨淮河、黄河、海河、小清河和胶东五大水系。课题组根据山东省各地的文化发展状况绘制了《山东省文化资源禀赋图》，梳理出富有代表特色的中心区域，有针对性地对文化枢轴地区的乡村公共文化服务建设、体系，以及特色进行调研，以方便分析山东公共文化服务的典型类型。在调研问卷中，借鉴卡塔琳娜·托马斯瑟夫斯基的"4A"框架，从可获得性（Availability）、可接近性（Accessibility）、可接受性（Acceptability）、可适应性（Adaptability）四个相互联系的维度来进行评价。问卷用ABCD四级评价标准进行评价，即可获得性A、可接近性B、可接受性C、可适应性D，然后进行汇总和数据分析。

（三）典型村落与调研框架

乡村文化振兴是决胜全面建成小康社会、全面建设社会主义现代化强国的重大历史任务，是新时代做好乡村精神文明建设的总抓手。习近平总书记曾说，"实施乡村振兴战略不能光看农民口袋里票子有多少，更要看农民精神风貌怎么样"[1]。文化振兴最直接的表现就是

---

[1] 习近平总书记在江苏省徐州市马庄村考察时的讲话，2017年12月12日。

乡风文明，中华传统农耕文明中"耕读传家"的祖训与邻里和睦、诚信的乡风民俗都是现代文明应该秉承的精神文明风貌。除此之外，在公共文化建设方面，对于传统家风家训、地方传统民俗文化、民间艺术，以及村落文化环境和文化产业发展资源的利用和发挥，也是乡村公共文化服务的重要组成部分。

图 2-4 调研逻辑框架图（自绘）

图 2-4 是调研逻辑框架图。对于山东省乡村公共文化服务的考察应该包括基本服务内容和乡村文化建设两个部分。前者主要集中在基础公共文化服务层面，后者主要涉及自然资源和文化资源的转换和利用。由此可见，公共文化服务体系与制度建设、文化惠民、田园生态、文旅发展等综合建设层面息息相关。

由于不同类型乡村的地理环境和资源禀赋的差异，包括乡村文化基础的不同，形成了具有不同文化引领作用的地缘文化关系。由此规划出以西部文化枢轴为中心的村落类型，并辐射相关的周边村和一些相对比较落后乡村的动态研究。以中心村的核心位置和先锋作用为抓手，对相关联的行政村、自然村的辅助调研，用于对于地区整体公共文化服务做客观而全面的分析。本次调研主要以鲁西南、济南—泰安—济宁文化枢轴和鲁中为三条线索，以此贯穿以文化枢轴为核心的乡村公共文化服务建设。比如济宁市每个县区确定各自发展的侧重点，鱼台县以孝贤文化、五里三贤为突出特点；曲阜以三孔为地方资源，发扬儒家文化，建设道德高地；邹城是孟子故乡，邹鲁圣地，孟子文化、孟母教育都是重要的文化资源；泗水发展孝贤文化，嘉祥被称为中国孝城（曾子故里）等。每个乡村产业发展体现出不同的态势，与之相对应的公共文化服务特色也存在着较大的差异。

二、山东省乡村公共文化服务的四种典型模式

山东省乡村公共文化服务大体有以下四种典型模式。

图 2-5　邹城张庄镇上磨石村

图 2-6 泰山十八盘（薛尧摄影）

（一）以泰安为中心的山文化样板

泰安是融合历史文化、自然景观、地质地貌为一体的文化名城。泰安以泰山文化最具代表性。泰山因其巍峨耸立于华北平原，自古便成为历代君王封禅、朝拜之地，久而久之，泰山也为宗教文化的发展提供了肥沃的土壤。泰安市打造乡村公共文化服务振兴"齐鲁样板"的经验主要有以下四个方面：

1. 以制度建设为保障

泰安市积极推动公共文化服务体系相关政策文件制定，相继印发了《关于加快构建现代公共文化服务体系的实施意见》（泰办发〔2015〕32号）、《关于加快推进社会力量参与公共文化服务体系建设的通知》

（泰政办字〔2016〕33号）、《泰安市人民政府办公室关于加快推进基层综合性文化服务中心建设的通知》（泰政办字〔2016〕83号）、《关于做好政府向社会力量购买公共文化服务工作的实施意见》（泰文广新〔2016〕70号）。良好的制度建设，是实现公共文化服务建设的保证和准则，为实施公共文化服务有序发展提供了政策支持。

2. 以公共文化服务设施为基础

泰安市以"公共图书馆+尼山书院+读书人协会+社区（农家书屋）+家庭"五核一体的联动机制，创新国学传承新模式，积极营造泰山脚下"读书好、读好书、好读书"的文化氛围，围绕现代公共服务体系构建、泰山大剧院驻场演出、泰山文化走出去战略、群众文化艺术年开展等重点工作，不断创新文化信息宣传方式方法，进一步服务文化民生，助推文化事业和文化产业繁荣发展。2017年数据统计表明，泰安市基本完成公共文化服务基础设施网络建设，为实现公共文化服务均等化奠定了坚实的基础。目前全市共有公共图书馆7个、文化馆7个、美术馆9个。泰安市有88个乡镇（街道）全部建成综合文化站，其中，国家一级文化站5个；70%以上村（社区）建成基层综合性文化服务中心；70%以上乡镇（街道）综合文化站和村（社

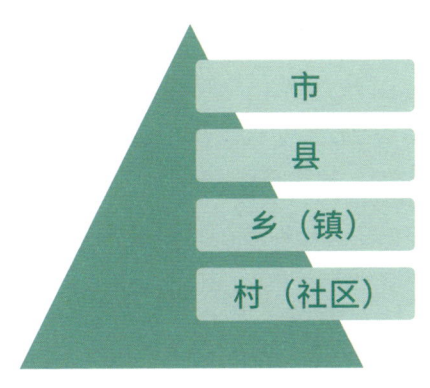

图 2-7 公共文化服务设施建设层级图

区）基层综合性文化服务中心建立了儒学讲堂。全市各级三馆及乡镇综合文化站已全部实行免费开放，公共图书馆均按照"六个一"标准完成了尼山书院的建设。2019年，泰安市公共文化设施建设不断完善，市、县、乡（镇）、村（社区）四级公共文化服务设施建设基本完成，88个乡镇（街道）全部建成综合文化站，3723个村（社区）全部建成基层综合性文化服务中心，覆盖率和达标率均达到100%。

3. 以文化惠民活动为抓手

泰安市、县、乡三级财政共投入720多万元购买"一年一村一场戏"演出服务，其中文化类社会组织参与完成2945场，占任务总量的95%。引导社会组织开展各类群众性文化活动15000多场次，占全市群众文化活动总量的75%。文化信息资源共享工程泰安支中心建设进一步完善，累计服务群众达100000多人次。创新实施群众文化艺术微信平台工程，创办微信公众号"群众文化艺术"，上传各类公共文化服务信息3000多条次。借助微信公共服务平台，实现文化志愿者网上注册登记等多项功能，注册文化志愿者达到32600多人，由志愿者牵头组建成立的各类文艺团体3600多个。

4．泰山文化旅游

2019年，泰安市把泰山文化保护传承作为战略资源，实施泰山文化保护传承发展工程，实施乡村体验游、传统文化游和休闲度假游等多种模式并存的文化旅游模式，形成了以自然景观和人文景观联合的文化模式。

为了发挥泰山文化的综合价值，在文化生态和空间的利用方面，泰安充分发挥地域文化特色，在自然景观+人文知识方面，形成了文化旅游模式，使旅游资源利用得更加多样化。泰安山地文化资源的开发和利用，体现了非常鲜明的特色。以泰山、济宁为轴线的文化轴更

图 2-8 大观峰（泰安市委宣传部供图）

好地发挥了地域文化资源优势，使传统文化得到更加全面的利用。

（二）以曲阜文化示范的儒家文化样板

作为儒家文化发源地，曲阜在传承发展优秀传统文化方面有着天然的优势。曲阜市积极推广乡村儒学网络，建设尼山书院、国学体验基地、儒学讲堂、孟子学堂等，开展优秀传统文化普及教育活动。截至 2019 年上半年，曲阜市共建立乡村（社区）儒学讲堂 3740 处。曲阜市推动优秀传统文化进机关、进学校、进企业、进农村、进社区、进家庭，围绕培育社会主义核心价值观建设了主题公园（广场）18处、主题大街 5 条、主题街巷 32 个、主题小广场（主题小区）112个、景观式永久性公益广告小品 1.7 万余个。中国（曲阜）国际孔子

图 2-9　曲阜孔庙全景

文化节已举办 35 届，孔子文化节成为传承优秀传统文化的重要载体。作为儒家文化的集中地点，在曲阜周边的诸多城镇和乡村都受到儒家文化的滋养。

　　近年来，曲阜以坚定文化自信、弘扬传统文化为己任，用儒家优秀文化涵育社会主义核心价值观，加快建设"东方圣城首善之区"，努力打造乡村振兴"齐鲁样板"的示范区、引领区，在推进乡村文化

振兴、建设道德文化高地方面取得了一定成效。曲阜市以"百姓儒学工程"为切入点，实施"儒学六进工程"，儒学从庙堂之上走入寻常百姓家。同时，以儒家特色品牌创建为突破口，积极探索基层社会治理"德法兼治"新模式，在全市15个村居进行了"乐和家园"试点。曲阜有着天然的文化基础，在四德工程、地方文化产业等方面也都有很好的发展。此外，山东邹城的乡镇中，以孟子为特征的孝贤文化，

图 2-10　曲阜国际孔子文化节祭孔乐舞（曲阜市委宣传部供图）

图 2-11　外宾在曲阜孔府体验婚俗（薛尧摄影）

注重乡贤文化的唐村镇，泗水县的中国孝城，都体现了以人文情怀建设乡村公共文化服务的亮点。

（三）以青州为代表的公共文化组织建设样板

青州市地处山东中部，人口93.7万人，下辖8个镇、4个街道办事处、1个省级经济开发区，1126个村（社区）。青州为古九州之一，是"国家历史文化名城""中国现代民间艺术之乡"。青州博物馆和青州农民博物馆是青州公共文化服务的两项代表性设施，是当地重要的文化资源。青州公共文化服务组织建设具有很强的系统性，是当地文化管理的重要抓手。2016年3月29日，青州市人民政府办公室印发了关于《加快构建现代公共文化服务体系实施方案》的通知，提出青州市公共文化服务的建设目标是："到2020年，基本建成与经济社会发展进程相适应、覆盖城乡、发展均衡、便捷高效、保障充分、充满活力的现代公共文化服务体系。公共文化服务设施网络全面覆盖，标准化、规范化水平明显提升；公共文化资源有效整合、共建共享、互联互通的数字化服务平台基本建成，公共文化服务能力明显增强；公共文化管理、运行和保障机制进一步完善，政府、市场、社会共同参与公共文化服务体系建设的格局基本形成，人民群众基本文化权益得到有效保障，公共文化服务质量和水平居潍坊市前列。"

2016年以来，青州市以文化广场和村（社区）综合文化服务中心为主要场所，通过开展各种文化活动，丰富群众文化生活，提高居民文化素养和文化生活品质。截至2019年7月，青州市1054个村（社区）全部建起了综合文化服务中心，每个综合文化服务中心都设置了图书阅览室、文艺活动室、科普室等，为辖区居民提供了公共文化服务，基本形成了公共文化均等化的建设目标。目前各村（社区）致力于打造地方文化品牌，营造文化发展亮点，如王坟镇侯王村的孝德大讲堂，为农民开展文化活动提供了便利条件。丰富的人文资源体现了青州文化建设的地方特点，如王府街道井塘村是山东省第一批省级传统村落，位于青州古城的农民画博物馆，近年来举行了大量的农民画展览和活动，并进行农民画衍生产品的开发和展销，为推广地方文化资源打下了坚实的基础。

青州市被授予"中国农民画之乡"荣誉称号，青州农民画是青州市文化振兴的重要内容。近年来，青州市委、市政府把大力发展农民画产业作为拉长书画产业链，丰富农村文化，增加农民收入，建设美丽乡村的重大举措来抓，扎实农民画创作和产业发展。到目前，全市农民画协会会员2080人，从业人员达3万余人。由各级政府分级分责管理农民画，青州市成立了以市委、市政府主要领导为组长的农民画产业发展领导小组，镇、街道、开发区和市直部门的主要负责同志为成员，下设办公室，具体统筹组织指导农民画产业发展工作。政府建立了中国青州农民画画院、成立了青州市农民画博物馆，并建立13处镇、街道、开发区农民画培训创作中心和农民画写生基地，每个镇、街道、开发区分别规划发展了2—3个农民画专业村，形成了广泛的队伍基础。2014年，青州市人民政府确立了以青州市文联为农民画产业发展的主管单位，并下设青州市农民画艺术研究院、农民画美术馆、农民画博物馆等事业单位，共同推进农民画产业发展。市文联还成立了国有企业青州市文化艺术中心，负责管理运营青州农民画画院和农民画博物馆。通过开通中国青州农民画微信平台和中国青州农民画网站等途径宣传和普及农民画知识，推介优秀作者，建立信息传播平台。组织举办多形式、多层次的农民画展览是促进农民画创作水平提高的重要措施。

图 2-12　中国青州农民画画院（中国青州农民画画院供图）

图 2-13　中国青州农民画博物馆（中国青州农民画画院供图）

（四）以青岛为代表的海文化样板

青岛西海岸经济新区是国家海洋经济发展战略确定建设的新区。规划范围为黄岛区（2012年12月1日调整后的）全域，陆域面积2096平方千米，海域面积约5000平方千米。原胶南在西海岸新区规划中处于核心地位，是新区建设的主阵地。2014年6月国务院同意设立青岛西海岸新区的批复，青岛西海岸新区成为我国第九个国家级新区。西海岸新区逐步完善了区、镇街、村居三级公共文化服务体系，高标准推进东西区市民文化中心规划建设。

西海岸新区形成了"一主、两辅、七镇、多社区"的格局。"一主"即新区中心城区。以小珠山为生态核心构筑西海岸中心城区，是新区核心区。"两辅"即董家口城区和古镇口城区两个外围城市组团。"七镇"即位于陆域生态涵养区内的7个特色小镇。"多社区"即美丽乡村聚落的城乡空间布局。至2018年，西海岸新区已经建成30处

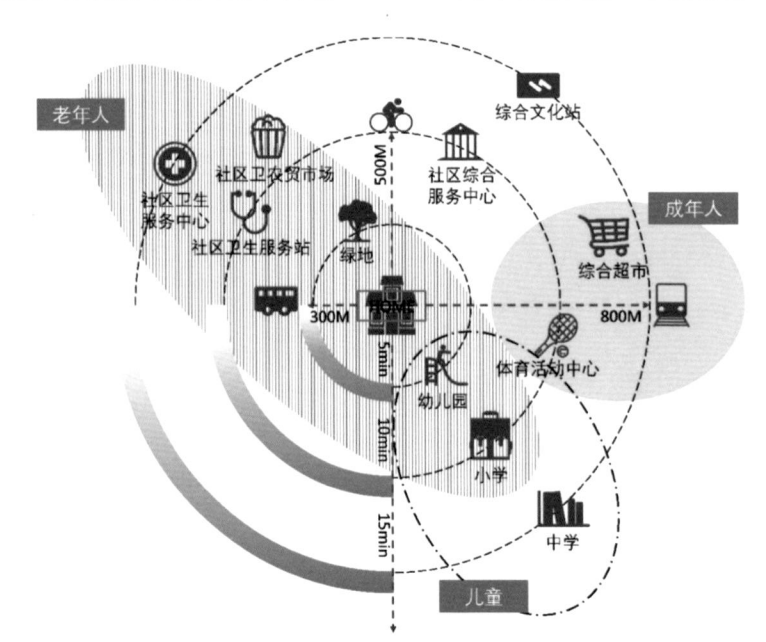

图 2-14 15分钟社区生活模式（课题组自绘）

社区综合性文化服务中心示范点，65个省定贫困村、市定经济薄弱村文化活动室得到改造提升。8处24小时自助图书馆正式运营，辐射带动全民阅读。"小品进社区""大数据条件下文化民意实时测报系统"两个项目先后获批文化部国家文化创新工程。

围绕居民生活，西海岸新区建设了多层级、网络化的公共服务设施体系。以15分钟社区生活圈为载体，统筹配置基本公共设施，建设优质共享的公共服务设施；建设绿色交通体系，提升城市交通出行品质和运行效率；构建绿色生态、韧性智慧的市政基础设施体系，系统布局各类设施，完善城市安全体系，提高运行保障能力。根据《青岛西海岸新区（黄岛区）国民经济和社会发展第十三个五年规划纲要》，黄岛区成立了西海岸博物馆群（16家）、美术馆联盟（25家）和大学生艺术联盟，拓展公共文化服务资源。作为经济快速发展地区，近年来，西海岸新区的公共文化服务体系发展迅速，已经形成非常完整和有效的模式，具有较强的示范意义。除了博物馆、阅读、地方戏等方面的通用性服务设施和项目，他们还发挥青岛市旅游文化城市特点，引进啤酒之城、影视之都、音乐之岛、会展之心等国际知名度较高的重点项目，不同程度地提升了青岛西海岸新区公共文化服务品质。

三、乡村公共空间的文化生态重构

经过了70多年的发展，我国城镇化水平进一步提高，城市建设和发展步入了新的阶段，产业不断升级带动了乡村公共文化服务水平全面提升，公共文化服务体系逐步完善。一方面，现代化农业生产方式中，农民职业化使生活方式和品质得到了提升，乡村环境生态得到了改善，由此带来的乡村文旅融合形态逐渐多样化，如田园生态旅游和田园综合体建设得到了稳步的提升，公共文化服务的方式和方法更多样。另一方面，由于服务水平的提升和服务设施的逐步完善，公共文化服务建设的视野逐步打开，多元化主体和产业形式多样化，促进了公共文化服务不断地重组，乡村文化生态在不断地重建中。

（一）儒家文化引领道德建设

济宁市的各个乡镇，在公共文化服务中体现出儒家文化引领的作用，乡贤文化、孟母文化，以及孔子学堂等文化资源的滋养，使公共文化服务逐级深化，在乡风文明建设中取得了突出的成效。山东邹城的蓝城·云梦桃源小镇就是典型的案例。

特色小镇

蓝城·云梦桃源

邹城大束镇葛炉山风景区

蓝城集团

以孟子思想为核心创建5大生活服务板块，打造田园小镇的儒乡样板

图 2-15　蓝城·云梦桃源案例

蓝城·云梦桃源小镇坐落于孟子故里邹城，沿袭孔孟儒家风范，落地以孟子农耕、教育、修养、善邻思想为内涵的特色小镇，将以孟母慈母母教精神为文化名片，打造全世界朝拜的"慈母文化圣地"，并将孟子理想，以及世代文人的耕读理想变为现实。据悉小镇将定期开办孟母读书会、孟母文化展览、母教课程，弘扬孟母母教文化。借助于三山一湖自然资源，规划农业、文旅、颐养、教育、商业等产业

功能，打造现代农业、休闲旅游、田园社区为一体的特色小镇。规划"三区四带、三园六廊七农场、十大中心五组团"，签约包括"小镇成长智库类""小镇农业及健康类"以及"孟母文化产业类"战略合作伙伴，打造中国慈母小镇。

（二）从传统文化到文化惠民

青岛市西海岸新区是依托传统文化资源，进行文化惠民活动的典型案例。以青岛西海岸文化惠民卡为基础创新实施的"大数据条件下的文化民意实时测报系统"荣获 2016 年国家文化创新工程；"小品进社区"荣获 2013 年国家文化创新项目、2015 年山东省文化创新奖。

1. 文惠卡开启文化惠民消费的大数据时代

青岛西海岸新区在全国首创"文化＋金融＋大数据"的运作模式，惠及电影院、书店、文化旅游等十大领域，已签约文化商户 270 余家，持卡用户 13 万余人，开展"文惠万家"文化惠民消费活动 200 余场次，免费发放文惠票 3 万余张。该区以文惠卡数据平台为基础，构建"大数据条件下的文化民意实时测报系统"，通过对居民文化消费数据进行搜集分析，适时调整文化产业政策思路、工作重心及资源匹配，有效提高公共文化服务效能，实现了文化与经济、民生、金融的有效融合。

2."小品进社区"激发群众文化自觉

"小品进社区"活动转变了在公共文化服务中政府和群众各自担当的角色，开创了"政府主导、群众主体、社会参与、品牌运作"的模式。青岛西海岸新区始终注重以群众喜闻乐见的形式，创作贴近群众的文艺作品、展现多姿多彩的群众生活，坚持让群众走上舞台唱主角、走下舞台当评委，节目自己编、自己排、自己演，政府实现了由

"办文化"向"管文化"、由"送文化"向"种文化"的转变。"小品进社区"在新区已经连续举办了12年，累计演出7000余场，扶持培育基层文化队伍400余支，创作优秀作品600余个，其中涌现的精品节目小品《将心比心》《新房之夜》曾荣获第十届中国艺术节"群星奖"。

3. "图书馆+"推动全民阅读，构建书香新区

青岛西海岸新区通过资源对接、多方借力，逐步实现公共图书馆"小馆藏、大资源"的目标，区图书馆因此荣获中宣部颁发的"第七届全国服务基层、服务农民文化建设先进集体"，是山东省唯一获得此项荣誉的公共图书馆，该图书馆非常重视特色建设。一是"图书馆+书店"，该图书馆首创"办证、借书、采购、藏书"一站式服务管理平台，提供"你看书、我买单"服务，无缝对接读者阅读需求。自2015年10月启动以来，新增读者5万余名，借阅图书10万余册，图书馆目标人群覆盖率、持证率、到馆率得到跨越式提升。二是"图书馆+书院"。区图书馆设立了传承优秀传统文化的尼山书院，创建了"书院传文畅享国学"文化品牌。他们突破馆内限制，在学校、社区等地设立10处分院，累计举办国学交流传承活动300余期。三是"图书馆+讲堂"。该图书馆在社区、学校开辟儒学讲堂、国学讲堂和市民文化大讲堂，累计开展国学、养生保健、少儿写作等文化讲座170余期。四是"图书馆+网咖"，他们在网咖等休闲娱乐场所，建立了10处图书馆流动分馆，累计送书2000余册，下一步将全部实现通借通还。

4. 成立四大文化联盟，全面整合文化资源

青岛西海岸新区在全国首创了博物馆群、美术馆联盟、图书馆联盟和大学生艺术联盟"四大文化联盟"，对全区文化资源进行有效整

图 2-16　青岛电影博物馆

合，实现了共建共联、共联共享。目前，西海岸博物馆群已吸纳了 16 家国有、高校、民办博物馆；大学生艺术联盟吸纳了 8 所驻区高校的 4 万余名具有艺术特长的教师学生，引导高校、地方文化互动互助。图书馆联盟已整合东西区新华书店、两处 24 小时自助图书馆、72 家社区图书馆分馆、10 处尼山书院分院以及 1000 余处农家书屋，共同推进书香社会建设，推广全民阅读。美术馆联盟联合全区 25 家高校、民办美术馆、画院等，自 2015 年 10 月成立至今，累计举办惠民展览 500 余场次。

图 2-17　临沂草柳编之一（中国民艺馆供图）

图 2-18　临沂草柳编之二（中国民艺馆供图）　　　　图 2-19　临沂草柳编之三（中国民艺馆供图）

图 2-20 鄄城土布之一（中国民艺馆供图）

（三）民间手艺塑造特色乡村

山东省各个地方的民间艺术类型非常多样，是塑造特色乡村的独特资源。在邹城大束镇灰城子村，村民试图通过恢复传统陶器制作工艺，来形成当地文旅产业中的体验环节，通过对陶艺的体验带动旅游经济发展。在山东临沭，发展草柳编已经形成了出口创外汇的产业。手工艺生产是乡村生活的重要组成部分，与工业商品相比，手工艺品具有地方文艺化符号、民族情感价值和人文精神，受到国内外市场的青睐。

在山东广大农村，各种形式的编织、刺绣、雕刻、陶瓷、鲁锦、面塑、黑陶、皮影等带有山东特色的手工艺品是山东地方文化的品牌。鄄城土布、泰安皮影、临沂草柳编、曹县桐杨木工艺、郓城古筝、莱州毛笔、潍坊年画、青州农民画、日照渔民画等都成为山东特色的文化品牌。"农村传统文化资源具有历史价值、文化价值、情感价值、

图 2-21
鄄城土布之二（中国民艺馆供图）

图 2-22
鄄城土布之三（中国民艺馆供图）

艺术价值等多重精神属性，符合现代都市文化消费的需求。但农村传统文化原生资源不能等同于农村文化产业的现代产品，需要实现功能转换或形式转换，才能被现代文化消费所认同。"[1] 传统民间工艺的发展是文化建设的组成部分，只有让传统工艺走出去，让新型文化产品走进当代生活，才是对传统收益最好的传承，才能够更好地满足乡村文化和经济的发展。

（四）文化＋互联网产业重组

乡村产业结构与城市产业结构相比具有其独特性，传统三产结构与产业形态逐步被打破，随之而来的生产形态和结构重组，带来新的经济增长机遇。2019 年 1 月 27 日，课题组对曲阜市鲁城街道林前村进行调研，走访了孔府印阁金石篆刻基地，这是一家以篆刻文化为题

---

[1] 潘鲁生、赵屹等：《手艺农村》，山东人民出版社 2008 年版，第 266 页。

材的创业基地。在这里，聚集了林前村150多家企业和许多工匠艺人，组建起超过600人的原材料采购、篆刻、运营、售后团队，通过互联网把曲阜的篆刻文化推广出去。据孔府印阁篆刻电商基地副总经理刘鹏介绍，林前村紧邻孔林景区，一直有印章篆刻的传统。但以前工匠们都是"单兵作战"，随着游客消费观念的转变，传统的运营模式受到不小的冲击，十年间行业从业者减少了一半。包括刘鹏在内的几位大学生发现了篆刻线上市场的空白，便开始尝试在网店里销售印章，没想到线下逐渐凋零的行业却在线上变成了"爆款"。2014年，在当地街道的扶持下，孔府印阁篆刻电商基地成立。在整合全村的工匠艺人后，网店的印章销量持续翻番，2017年产值达到1个亿，2018年突破了1.5亿。乘着互联网的浪潮，曾濒临消失的印章篆刻这一传统文化产业在林前村再次火爆起来，不少村民靠这门手艺，成为身家数十万甚至百万的富翁。基地的组建不仅提升了手工艺人的收益，也带动了邻村包装材料等产业发展。接下来，他们还将尝试开发篆刻工具、篆刻教学课程等产品。孔府印阁是一个很好的解决就业问题、带动经济发展案例。现在山东各地小作坊式的民间技艺还有很多，如何让这些传统产业形成规模化发展的同时，又不失去独有的地方特色，是打造好乡村文化产业的关键。像这种一体化、集约化、模块化的经营路线，对于其他地区的企业来说，也将会是一个很好的发展样板。

公共财政按照"村镇体系"进行高强度、均等化的基础设施、数字化设施和公共服务建设，逐渐促生了一种新的，明显有别于传统城镇乡村的生活模式，城市要素向乡村的逆向迁移，带来了资金和新的就业机会。总之，对于消费性转向的乡村，城市要素的逆向迁移带来新的经济增长机会和就业机会，人口和资金的投入逐步激活被村民或村集体弃置的乡村资产创造性转换，优秀传统文化资源创新性发展，使乡村重新焕发活力。在当前的发展形势下，逐渐形成了不同的文化发展形态。从山东省内来看，不同的地方文化资源禀赋，展现出不同的公共文化发展特色。

四、乡村公共文化服务建设创新发展

从以上调研数据可以看出，山东省公共文化服务建设，在硬件设施和服务体系方面，较好地贯彻了国家的政策要求，具有良好的服务基础。但是，由于地域经济发展和城镇化进程的差异，各地公共文化服务建设尚存在着发展不均、特色不明显的问题，亟待进一步完善和发展。

（一）重塑乡村公共文化空间

着眼于公共文化服务效能，对公共文化基础设施建设的设计和布局，要有文化上的前瞻性，以社会主义先进文化为主流价值导向，发挥信息传播的时代特点，突出公共文化的正向教育感召作用。创新公共文化服务供给模式，丰富公共文化服务产品供给。特别是要善于运用互联网、智能手机等新兴传播手段，探索"数字化""菜单式"文化服务模式，切实提升乡村公共文化服务效能，更多地激发年青一代文化参与和创作的热情。吸收年轻文化乡贤参与到公共文化服务建设中来，发挥信息社会文化传播的优势，发展地方文化产业，促进公共文化服务建设的发展。

针对中心村的公共文化服务，面对发展现状较好的地区，以特色文化生态为中心，发挥文化引领作用，深化地方特色，以样板带动周围地区发展，完善服务链条，形成文化动能圈，进行持续深化和提升。

针对城市周边村，挖掘城市与农村文化发展的问题和渊源，解决城市核心服务的共享问题，并利用近郊游或地方资源特色，带动城市与农村的文化互动和人员流动，提升乡村文化生活品质和人们的幸福指数，从而弥合城市与农村的界限；发现中心村的关键服务问题，突破城市边界，进行文化扶贫和全民文化提升，并在老人和孩子等特殊人群养老和教育问题上，进行精准服务，引进专家和专业人士，解决农村人员走出去的问题。在偏远乡村，尽管偏离城市生活，但原生文化相对较为完整，加深文化研究，引入先进的公共文化管理工作模式，提升人们的文化生活水平。

（二）营造地缘文化 + 文旅发展

在乡村公共文化服务建设中，突出地缘文化特色，合理开发民间文化资源，带动文旅发展，在带动产业发展的基础上，提升民众幸福指数。打造现代公共文化服务网络平台，注重用传统特色资源赋予公共文化产品特色，开拓传统文化品牌带动的公共文化服务建构模式。积极探索建立政府与市场等多元主体参与的开发模式，推动传统文化资源由静态向动态、单一传统内涵向复合文化内涵的转型，推动真正契合乡民需求的新型内生型文化的茁壮成长。

2019 年 7 月 17 日，课题组对淄博市沂源县燕崖镇牛郎庙旁的千年古村——牛郎官庄进行专项调研。牛郎官庄是一个农业村，大约有 150 户人家，村里五六百口人，其中 95% 姓孙。村民以牛郎的后代自居，至今沿袭着养蚕、织布、取双七水等习俗。附近的大贤山上石碑很多，历代文人墨客登临后留下许多诗文摹刻，内容都与牛郎织女有关联。牛郎织女风景区位于山东省沂源县东南部的燕崖镇，距离县城 15 千米，景区以海拔 532 米的大贤山和沂河为主体构成。作为牛郎织

图 2-23　织女洞（沂源县牛郎织女景区供图）

图 2-24
东方情人谷谷口（沂源县牛郎织女景区供图）

图 2-25
东方情人谷瀑布（沂源县牛郎织女景区供图）

女传说的发源地，燕崖镇拥有国内唯一一处与传说实地、实景相对应并存有古建筑遗址的珍稀景观——建于唐代的织女洞和牛郎庙。沂源的牛郎织女传说也因此被列入国家级非物质文化遗产名录。织女洞中存有古碑数块，年代最早的可追溯到宋代。就是这处具有文化渊源的牛郎织女艺术之乡，在文旅的发展中，多数以"东方情人谷"的概念来包装旅游形象，由于资金投入有限、管理水平有限等多方面的原因，文化资源并没有得到充分的利用。如今牛郎官庄村的村民，多数以农业种植为主，在文化旅游方面并没有形成产业，有较大的开发价值。

应当突出地缘文化特色，挖掘当地文化符号元素和民俗文化基因，在现代文化产品中融入地方文化传统，带动当地经济水平的提升，改善人们的生活水平。

（三）发挥乡村乡贤的文化管理作用

加强乡村公共文化服务体系建设，必须从保障民众基本文化权利着手，培养农民的主体意识和新集体主义观念。构建乡土文化人才库及人才信息网，建立完善教育培训、待遇保障和激励机制，为乡村文化振兴奠定坚实的人才基础。在乡村文化建设中，基于传统村落文化的乡贤等群体，是乡村文化管理的重要力量，在公共文化服务中仍然要发挥传统村落文化主持者和专家群体的作用，以专业的跨界融合，促进乡村文化管理，发挥更大的效能。比如邹城市唐村镇的新乡贤系统，除了发挥乡贤的作用，还发动有威望的老乡贤进入公共文化服务中，参与村志编写和民间故事的搜集，并挖掘公道乡贤、青年乡贤、巾帼乡贤、小乡贤等不同年龄、性别、身份的乡贤群体，促进乡风文明建设的有序执行。在大束镇蓝城云梦湖项目和石墙镇上九山村乡村旅游，吸收企业家为地方文化产业投注专业的人力和财力，促进地方文化经济的发展，实际上是一种新乡贤的利用。一方水土养一方人，在地方文化经济发展中，当地乡贤与外来专家的结合，合理利用乡贤人才的组织，是一种隐形的生产力，必将更好地发挥乡贤的管理和优势价值。

（四）推动政府主导与业态多元共建

文化是一种隐形生产力，公共文化服务与文化建设要保持互相交融的关系。在山东，丰富多样的地缘文化和深邃的优秀传统文化根脉必须被挖掘和利用，才能够转换为地方文旅资源。自然资源和人文资源的共同挖掘和利用，统筹文化资源共享工程，推动各级图书馆、文化馆（站）、博物馆、美术馆等公共文化服务机构数字化，通过网站、微博、微信等现代科技手段为群众服务，提高公共文化产品对群众的吸引力。充分发挥政府主导力量，建立完善乡村公共文化服务的系统性政策支持体系，深化文化体制改革，转变政府职能，努力提供更多高效、优质的服务供给，比如通过政府协同，延长旅游产业链，加强旅游与文化、农业、工业，以及互联网等新业态的发展，从而实现公共文化共建共享的目标。

表 2-1 旅游业态的新模式

序号	业态形式
1	旅游+文化
2	旅游+农业
3	旅游+工业
4	旅游+新业态（互联网）

《国务院关于加快发展旅游业的意见》中已明确提出要"把旅游业培育成国民经济的战略性支柱产业"[1]，表明了旅游业在产业发展中的重要地位。旅游公共服务作为公共服务体系的一部分，近年来越来越受到各地旅游职能部门的重视。智慧旅游的概念提出，利用云计算、物联网等新技术，通过互联网/移动互联网，借助便携的终端上网设备，实现了旅游信息及时共享，从而完成了旅游的良好体验。此外，各种新业态的融合，使旅游形式越来越多样，以便于更大范围地满足用户需求。信息共享可以解决地域空间的距离，使乡村不受地域限制，并借助于交通和物流的开放，更便利地达到均等化的目标。

---

1 《国务院关于加快发展旅游业的意见》，中国政府网。

五、关于乡村公共文化发展的思考和建议

公共文化建设是提升乡风文明，提升乡村振兴文化动力的重要举措，也是提升乡民满足感、获得感和幸福感的关键举措。2018 年的中央一号文件《中共中央 国务院关于实施乡村振兴战略的意见》指出：加强农村公共文化建设。按照有标准、有网络、有内容、有人才的要求，健全乡村公共文化服务体系。深入实施，全面推进，取得了积极成效。结合调研情况，我们建议进一步强化内容引领，对接文化需求，突出文化特色，健全多元机制。包括以下几个方面：

第一是注重"内容化"，以社会主义核心价值观为引领，开展"乡风文明创建活动"，推进社会主义核心价值观落地。加强公共文化服务体系建设的内容统领，多渠道、多形式、多角度培育和践行社会主义核心价值观，针对乡村文化实际，开展"乡风文明创建活动"。一是挖掘本地乡风民俗、村规民约、家训家规，开展优秀传统文化传播，实现地方道德文化资源的创造性转化与创新性发展，推进家风、乡风、民风建设。二是针对乡村文化具体存在的问题，如人情攀比、厚葬薄养、酗酒赌博、封建迷信、好逸恶劳、家庭不睦等，通过通俗易懂、针砭有力、诙谐生动的村头讲座、漫画海报、小品演出等，把道理化为口头语，使教育有内容，引导有目标，文化活动见成效。三是宣传当地有关环境美、风尚美、人文美、秩序美、创业美的典型，图文并茂、丰富载体，崇真向善，建设文明家园，把社会主义核心价值观转化为自觉追求。

第二是加强"精准化"，以乡村生产、生活需要为出发点，开展"乡村文化需求调查"，使文化服务更接地气。乡村文化是一套生产和生活经验体系，由社会的生产和生活条件所决定，乡村公共文化建

设要与农民的生产生活相融合。不仅要避免"以工业的方式发展乡村，以城市的文明统合乡村"，也要避免"一刀切"造成的资源浪费。调研发现，一些地方的送书、送电影、建电脑室活动，由于内容、形式与农村群众的需求不相适应，加之后续利用管理不够，作用不够理想。文化服务要讲求精准化，对不同乡村的人员、产业结构、文化需求等项目进行精准调查研究，根据不同地方的农民对不同公共文化产品的实际需求，做精、做细，"订制"重内涵、重品质、重效果的文化产品和服务，切实提高各类文化基础设施及公共文化产品的使用效益。

第三是注重"特色化"，以乡村文化资源为载体，举办"乡村戏台""乡村学堂"等品牌文化活动，使文化服务有根基、有传统、有影响。广大农村历史文化底蕴往往比较深厚，有宝贵的文化遗产和鲜明的地方特色文化，要把公共文化服务和文化遗产的保护传承结合起来：一方面，运用群众喜闻乐见的文艺样式，使文化服务更对胃口、更有共鸣，满足文化娱乐、交流、建设的需求；另一方面，推动当地历史文化遗产的保护与传承，促进契合乡民需求的内生型文化成长和发展。具体可以举办"乡村戏台"活动，组织当地群众喜爱的小品小戏演出，融入有关民间曲艺、文艺样式，提供真正适合农民口味的文化服务和文化产品。可以举办"乡村学堂"，邀请生产能手、致富带头人、能工巧匠、文化传承人、道德模范以及有关专家学者、管理者做主讲人，讲讲身边的文化，提高文化的自觉度和传承发展水平。

第四是推进"多元化"，以提高地方的公共利益为目的，培育多元文化服务队伍，充实文化服务力量。我国乡村地域广阔，经济社会发展程度和文化资源基础存在差异，乡村基层群众的文化认知、文化需求也日趋多元化、复杂化，乡村公共文化服务要以提高地方的公共利益为目的，培育多元文化服务队伍，充实文化服务力量，以适应多元需求。一是要以基层文化站、文化中心为骨干，配齐建好专业人才队伍、训练活动场所和教练辅导力量，发挥好带动作用，吸引更多的农村基层群众参与到文化活动中，丰富文化生活，全面提高农村基层群众的生活质量和综合素养。二是引导组建乡村各类文化协会，扩大农民文化活动参与面，推动农民自演自赏、自娱自乐的文化骨干队伍，提升广大农民的文化生活质量。三是开展民办公助，吸纳社会力量。制订相关办法和方案，实施政府购买公共文化服务扶持民间文艺社团，注重培育多元文化服务主体，引导社会力量参与，发挥高校、民间文化机构等在乡村公共文化服务体系建设中的作用。

从根本上说，"人文化成"之文化，是有根基、有文脉、历久弥新的积淀过程。正如传统乡村社会里生产生活方式、人伦关系、价值系统等作为一种赋形机制，形塑了风俗、礼仪、信仰以及工艺造物等具有"内聚力"和特定内涵的文化传统礼俗规约工艺造物，赋予衣食住行用之物以秩序和规范，不仅以自上而下的典章制度实现"器以藏礼"，而且在民间礼俗中寄予自然、人伦之理，使"物"除具有实用功能外，还富有象征意义和伦理价值，具有礼俗约定下的意义世界。"文以化人"不是一个生搬硬套的僵化过程，文化建设要因地制宜，厘清文脉，把握根基，在传承的基础上实现创新和发展。乡村是一个生活共同体，公共文化服务要因地制宜，抓住鲜活载体，发挥民众创造力，做到寓教于乐、群众喜闻乐见，构建文化互联的纽带，维系更具情感性质的生活，化解乡村文化变迁过程中可能产生的矛盾，在以艺术审美和文化交流为核心的互动中重塑和改变着乡村共同体的结构和内容，实现文化振兴、乡村振兴。

六、结论

通过对山东 11 个县市、40 多个代表村落的调研,目前山东省的市、县、乡(镇)、村(社区)四级公共文化服务设施建设基本完成,公共文化服务体系覆盖面比较全面,覆盖率和达标率均达到 100%。经过对山东省乡村类型的分类分析,可以看出在国家统一规划的公共财政按照"村镇体系"进行高强度、均等化的基础设施、数字化设施和公共服务建设不断完善,显示出山东省公共文化服务整体发展水平较好的面貌,各地在制度建设、文化惠民、田园生态、文旅发展等文化建设方面形成了较为全面的发展局面。公共文化服务建设的主旨是在乡村振兴战略的背景下,通过对乡村文化资源禀赋的挖掘,创新性地结合现代文明发展,塑造新型乡村文明,构建政府主导、村民受益的精神文化生活,向村民提供文化产品与服务,建设符合需求的乡村文化基础设施,提供稳定的政策保障机制,并最终形成良好的乡风文明和普遍的文化自信。课题组通过对山东省区域内具有代表性乡村的调研,分析了乡村振兴与乡村公共文化服务体系建设的关系,梳理了乡村公共文化服务体系建设的核心和供给模式;通过实地走访,对山东省典型乡村进行个案研究,提出了优化改善乡村公共文化服务体系建设的措施和建议。文化振兴要高度重视乡村文化的挖掘、传承,立足武术、书画、生态乡村旅游等地方特色文化资源,发展乡村特色文化产业,激发乡村文化自信和生命力,培育乡村文化振兴的"齐鲁样板",以文化振兴服务乡村振兴,实现"农业强、农村美、农民富"的振兴目标。

山东因居太行山以东而得名,简称"鲁",在先秦时期隶属齐国、鲁国,故其名曰"齐鲁"。独特的地理位置决定了山东作为文化

图 2-26　泰山日出（泰安市委宣传部供图）

大省的深厚及基础。山东地处华东沿海、黄河下游、京杭大运河中北段，是华东地区的最北端省份。西部为黄淮海平原，连接中原，西北与河北省接壤，西南与河南省毗邻，南及东南分别与安徽、江苏两省相望；中部为鲁中山区，地势高突，泰山是全境最高点；东部为山东半岛，伸入黄海、渤海，北隔渤海海峡与辽东半岛相对、拱卫京畿，东隔黄海与朝鲜半岛相望，东南均临黄海、遥望东海及日本南部列岛。作为儒家文化发源地，山东涌现出曲阜的孔子、邹城的孟子、墨家思想创始人墨子（滕州）、军事家孙子以及姜太公、齐桓公、管仲、晏婴、鲍叔牙、孙武、孙膑、邹衍等一大批名人志士。丰厚的地缘文化和人文资源是山东文化旅游产业的重要精神文化线索，成为山东公共文化服务中文旅产业的独特战略资源。整体来看，山东青岛西海岸新区的公共文化服务建设较为完善，民众服务需求达成度较高；菏泽市在群众文化和地方戏曲和曲艺方面的发展具有地方特色，在民众生活中较好融入了群众文化和公共文化服务；济宁在儒家文化方面的发展，尤其是曲阜和邹城的孔孟文化，带动文化区域的互动，从而在弘扬道德高地建设、弘扬乡风文明、营造良好的环境方面形成了非常典型的特点，其中孔孟和诸子百家的文化挖掘还在进一步转换和利用中。民间手艺塑造特色乡村，已经出现了诸多成功的案例，在公共文化服务中成为一种发展特色。如临沂草柳编、彩印花布、蓝印花布，巨野农民画工笔画产业，曲阜的孔府印阁，以及青岛西海岸新区的剪纸农民画，临朐的手绘年画，日照农民画、渔民画，莱州玉雕、毛笔，泰安皮影非遗传承，潍坊杨家埠年画和风筝，聊城东昌府年画，高密三绝的产业经济等形式多样的艺术形式，是各地文化发展的亮点，也是近年来文化产业发展的重要抓手，在发展传统文化的风潮中，必将成为山东的文化亮点和品牌形象。菏泽民间曲艺、戏曲、古筝，高密、青岛的茂腔等民间戏曲形式深入到公共文化服务的组织环节，更好地触动了传统民间艺术的现代传播形式，使传统民间艺术与当代生活发生联系，从而促进了传统文化的现代传播，促进了村民整体审美水平和文化自信的形成。此外，还有一些文化资源利用方面存在较大的提升空间，如在传统文化资源禀赋方面，除了挖掘和整理已有的民间故事

图 2-27 杨家埠年画之一（中国民艺馆供图）　　图 2-28 杨家埠年画之二（中国民艺馆供图）

图 2-29　杨家埠年画之三（中国民艺馆供图）

图 2-30　杨家埠年画之四（中国民艺馆供图）

传说和民间艺术，如山东济宁梁祝文化、沂源县燕崖镇牛郎官村牛郎织女的故事、泰安石敢当、蓬莱八仙过海等众多文化资源的利用和现代创新性转换还存在较大不足。文化振兴和产业兴旺是相互联系的两个因素，产业振兴是文化振兴的基础，文化振兴是产业兴旺的条件，二者互成因果，经济和文化是乡村振兴的双刃剑。整体来看，在山东省范围内，文化产业在东西向度仍存在发展不均，在南北向度仍存在地区差异较大的情况，在公共文化服务建设方面仍需要因地制宜，特色发展。

本研究以山东省各地市乡村公共文化服务系统的研究为依据，从公共图书馆、群众艺术表演团体、群众艺术馆与文化馆、文化站及公共文化在中心村和行政村、自然村当中的作用出发，研究山东省乡村公共文化服务建设的整体发展状况，并提出基于地缘文化研究的创新发展和创造性转化的公共文化服务建设的重要性。在公共文化服务建设方面，除了公共文化服务基础平台和设施等均等化建设以外，还要进一步推进社会化、信息化发展，和对传统文化的挖掘与转换，对文化生态空间进行重组。在清醒认识民族传统文化价值的基础上，结合地缘文化发展的条件，客观地对待传统和现代的关系，将传统文化和地域文化转换为现代公共文化发展的战略资源，为提升人们文化生活水平和乡村居民的幸福感和文化自信，在当前文化建设中充分发挥文化产业高附加值的特点，借互联网信息平台的传播效应，为当前文化战略发展提供更大的效能。

乡村公共文化服务振兴典型案例之一

菏泽市公共文化服务建设特色

2018年5月至2019年1月，课题组对菏泽地方文化资源融入公共文化服务的情况进行了两次调研。2018年5月，课题组主要调研了郓城县、定陶县、东明县地方小戏和曲艺的发展状况；2019年1月27日，首席专家潘鲁生率课题组到菏泽市巨野县对乡村文化振兴工作进行调研，分别走访了龙堌镇耿庄村、鲁西画院、麒麟镇南曹村，实地参观了二郎拳武术表演、工笔画创作及香鹑雁生态养殖场等地方产业；了解了郓城县二郎拳文化传承，书画创作、产业发展，乡村旅游文化资源等方面的情况，并就进一步推动乡村文化振兴工作进行了深入探讨、交流。

菏泽市	郓城县	郓城古筝	制筝	
			古筝教学	
		山东梆子	曲艺	
		山东琴书	曲艺	
		水浒文化城	武术	
	牡丹区	琴筝清曲	弦索乐	
		枣梆	地方戏曲	
	成武县	担经包棱调	曲艺	
		四平调	地方戏曲	
	东明县	大平调	地方戏曲	
	巨野县	董官屯	农民工笔画	文化产业
		龙堌镇耿庄村	二郎拳	武术教育
		麒麟镇	南曹村	香鹑雁养殖	地方产业
	定陶县	两夹弦		

图 2-31　菏泽公共文化服务调研分布图

菏泽市基本完成了市、县、乡（镇）、村（社区）四级公共文化服务基础设施网络建设改造，提升乡镇（街道）文化站33个，新建村（社区）基层综合性文化服务中心1000个，全市覆盖率达到80%以上。菏泽市积极推进农村公益电影放映由流动向固定转变，固定放映点覆盖率达到40%。以现有广播"村村响"工程为基础，推进应急广播体系建设。菏泽市具有代表性的文化资源有曲艺、地方小戏、民间绘画三种。菏泽的群众艺术表演活动十分活跃，菏泽市公共文化服务体系建设取得了一定成效，主要表现在如下几个方面：第一，菏泽市广泛开展各类社会文化活动，如"牡丹杯"书画展览，各类少儿书画活动展览等200多个，文化活动十分丰富；第二，菏泽市公共文化服务设施建设逐步完善，乡镇文化站，农家书屋，鲁西南民俗文化村（博物馆）、博物馆、艺术馆全面建设；第三，菏泽市逐步完善文化资源信息工程，建立了市、县、乡、村四级共享网络，3个县被文化厅评为省级共享示范县；第四，菏泽市基层文化活动活跃，全市送电影下乡两万多场，送戏下乡2000多场，曹县、巨野县、郓城县分别被评为秧歌之乡、杂技之乡、古筝之乡；第五，菏泽市广泛开展文艺志愿服务，培育打造了一批优秀基层戏曲院团、庄户剧团、民间班社，培养带动了一批基层文化工作者、民间文化能手。曹县庄寨镇白茅村原是一个剧院、剧团样样都有的乡驻地，由于时代变迁均已解散。2000年初，从县直部门退休回到家乡的许庆念为了让老人们过把戏瘾，决定把剧团"拾"起来，在本村成立了曹县豫剧二团。该剧团现有演职人员26名，能独立演出《刘墉下南京》《墙头记》《老黄牛分家》等20多场传统剧目和现代剧目，每到重大节日都到各村开展义务演出，到敬老院慰问演出，受到了群众的好评。这两年，剧团根据乡村振兴给农村带来的变化，编写了现代戏《扫黑记》《换娘》《双喜临门》《赵大夫诊所》《博士返乡》等剧目，在全镇巡回演出。像许庆念这样的乡村文艺带头人，在其他乡镇也有不少。

山东古筝乐是全国很有影响的古筝流派之一。据传，明朝时，筝在鲁西南非常流行，现今在郓城县黎同庄还保存着明代万历年间的一架十六弦古筝。清以来，筝在山东菏泽市的郓城、鄄城、牡丹区一带广为流传，素有"城内大户多有瑟，城外村村都有筝"的说法，可见古筝在菏泽具有广泛的群众基础。在菏泽，古筝艺人常利用庙会、年节以及冬闲

图 2-32　巨野农民画之一（中国民艺馆供图）

时期，在家庭院落、寺庙、地窖等处合乐演奏，具有鲜明的地域特色，深受民众喜爱。作为弦索乐的重要组成部分，古筝乐深受社会各界的喜爱，是一种雅俗共赏的艺术形式，在社区、学校、音乐高考、艺术考级等各个方面得到普及，在当前公共文化中占有重要的地位。菏泽郓城、牡丹区的古筝培训使古筝进入许多寻常百姓家，作为一种重要的艺术文化符号广为流传。

巨野农民工笔画是巨野当地的一项重要产业，巨野县因此被评为"中国农民绘画之乡"。巨野位于山东省的西南部，总面积1308平方千米。全县现辖16个镇、1个省级经济技术开发区，总人口92万

人，耕地面积114.9万亩。巨野农民工笔画具有深厚的群众基础。该县建有两条书画专业市场街，有巨野镇、独山镇、麒麟镇、董官屯镇4个专业镇，50个专业村，一个专业示范村，一个书画产业基地，500多个专业户，长年从事绘画、装裱、销售的人员达7000多人，形成了产、供、销稳定的产业链。巨野农民的书画作品出口到全国30多个大中城市及日本、韩国、欧美、新加坡等十多个国家和地区，主打品牌工笔牡丹占据全国市场份额的八成左右，年实现产业增加值2.8亿元。与很多地方的农民画不同，巨野农民工笔画已经不是农闲时的"补差"，大多从事绘画的农户都是以绘画为主业，而把农耕作为副业，当地人均一亩地左右，有些农户会把土地租给别人耕种。

图2-33 巨野农民画之二（中国民艺馆供图）

乡村公共文化服务振兴典型案例之二

青岛西海岸新区乡村社区公共文化服务体系

我国城镇化发展进程中，乡村社区公共文化服务体系建设不断呈现新的特点和需求：一方面，乡村人口跨区域、跨城乡流动性加强，文化交流增多，乡村群众的文化视野和需求更加多元，加之政府、市场、社会多元参与公共文化产品供给，以及现代传媒广泛应用，信息化的文化传播不断深入，以往乡村文化相对封闭的局面被打破，乡村在推进基本公共文化服务均等化、建立开放的公共文化服务参与机制、丰富公共文化服务的内容和形式等方面，与城市具有一致性。另一方面，地区经济发展不均衡仍然存在，自然生态及文化传承存在地域差异，不同地区乡村公共文化的资源禀赋、群众需求、服务机制等具有差异性。从城乡一体化发展的总体布局出发，关注乡村的自然生态、文化传统、生产生活等综合因素，研究乡村公共服务体系建设的作用和实践机制，具有必要性。

2018年，我们就山东省青岛市西海岸新区乡村公共文化服务体系建设进行了调研。青岛市西海岸新区傍海邻山，有独特的自然生态和特色鲜明的民间文化资源，既是青岛市最大的市辖区、第九个国家级新区，也是民间艺术资源丰富、城乡过渡的典型地区。其乡村剧团、农民画院、小品小戏演出等注重发掘乡土文化资源，植根乡村生产生活，以群众喜闻乐见的形式开展公共文化服务，以社会主义核心价值观引领乡村精神文明建设，取得了积极成效。从中可见，乡村社区公共文化服务既是满足休闲文娱等需求的文化服务，也是优秀传统文化保护与传承的服务，其发掘运用有深厚基础的文化载体，开展具有价值引领、情感内涵、文化记忆和当代生活内容的文化活动，很大程度上也是文化纽带的构建，在乡村社会日益呈现出"原子化"和"去公共化"的趋势下，能够发挥互动、认同和凝聚的作用，有助于乡村社会公共性和共同体的重建。

一、乡村公共文化资源的发掘和激活——以茂腔戏为例

青岛西海岸新区的胶州南乡泊里、藏马一带是茂腔戏的发源地，自清代康熙年间至今长盛不衰，深受当地群众喜爱，民谣有云："茂腔一唱，饼子贴在锅台上，锄头锄到庄稼上，花针扎在指头上"，即使在没有专业茂腔戏剧团演出的村落，民众也往往通过戏匣子听茂腔，戏曲融入生产和生活、老百姓的生产劳作和生活里，曲韵悠长。当地将茂腔戏作为重要的公共文化资源，发掘其当代价值，发挥公共文化服务作用。从其内容和形式上看，茂腔戏作为城乡民众认同度高的地方性剧种，善于提炼生活故事，主张崇德向善，以积极的价值导向化解生活矛盾。如《小姑贤》《墙头记》《寻儿记》《张郎休妻》等传统剧目，涉及婆媳关系、乡村养老、家庭教育、婚姻伦理等，虽是历史剧目，涉及亲情爱情事业的关系处理以及生活中具体的矛盾问题，与当下仍然息息相关，容易产生共鸣，其崇德向善、明志明理、见贤思齐的价值观能够赢得认同，发挥教化作用。戏词使用本地方言，乡间俚语平白如话，曲调质朴自然、婉约悠长，唱腔如泣如诉、悲凉哀怨，场景情节往往以当地民间风俗为依据，熟悉亲切，能将生活中的喜怒哀乐、爱恨情仇淋漓尽致地展现出来。正是"我口唱我心""心之忧矣，我歌且谣""饥者歌其食，劳者歌其事"，日常体验和审美

经验之间是贯通融会的。

开展乡村公共文化服务体系建设，不能忽视乡土文化现实，积淀深厚的民间文化是开展服务的重要基础，西海岸新区将茂腔创作与演出纳入乡村公共文化服务体系，系统开展工作。在组建演出队伍方面，涉及专业剧团和业余剧团。专业剧团保障艺术水准的提升和剧种的剧目创新；业余剧团由群众自发组织，丰富业余生活。目前，西海岸新区在胶南市艺术团的基础上挂牌成立了"黄岛区茂腔艺术传承中心"，作为文化事业单位隶属胶南市文广新局，开展传统剧目和新创剧目公演。同时，依托群众基础组建了大量业余剧团。据西海岸新区戏剧舞蹈家协会主席王本宏介绍，本地能演起整台戏、能演多个剧目的剧团有11个，都属于民营剧团，春秋两季的农闲季节出去演出，同时参加区里面组织的"小品小戏进社区"表演活动下乡演出；其中，能够演出茂腔折子戏的剧团有64个，能够参加活动的民众剧团有100多个。在群众业余剧团组织过程中，专业协会也发挥了积极作用，如西海新区戏剧舞蹈家协会组织的"茂腔论坛""茂腔名家名段演唱会""业余戏曲比赛""茂腔艺术节"等活动，指导业余剧团和茂腔爱好者提高演出水平，促进专业院团与群众演出团体沟通交流。在剧目创作与传承方面，一方面是传承传统经典剧目，当地复排复演了《西京》《张郎休妻》《罗衫记》等16部传统经典茂腔戏，改编并新排了《徐福东渡》《赵氏孤儿》《白蛇传——断桥》等剧目或折子戏；另一方面是加强当代精品创作，如根据原黄岛区灵山卫镇北窑村党支部书记、村主任张玉刚的先进事迹创排的大型茂腔现代戏《支书张玉刚》，表现了当代乡村干部的精神风貌，受到好评。在人才培养方面，当地设立了茂腔传习基地，新编开设"名家传戏"课程，邀请国内戏曲艺术家和茂腔名家等到新区授课指导，传帮带徒。学成学员充实了演员队伍,参演了一系列经典剧目。在观众培育方面,一方面是开展大型茂腔演出活动,排演经典折子戏,向观众免费发放戏票;另一方面是在社区、学校等地开设茂腔艺术传习点,将茂腔艺术欣赏纳入中小学校的校本课程,培养青少年观众群体。比如茂腔艺术传承中心与隐珠小学、育才小学、易通路小学开展了茂腔特长培训课程,每周由专业演员指导小学生从经典唱段的唱腔、动作等基础开始学习茂腔。在文化传播方面,当地重视公共文化服务的网络传播,通过"文化黄岛""青岛西海岸文化惠民卡""黄岛文博""茂腔艺术传承中心"等微信公共号和腾讯网发布演出信息和演出视频,扩大了茂腔艺术作为一种地方特色文化的服务与传播范围。

实践证明,特色文化资源的保护、发掘、活化与服务应用相伴相生、相互促进,茂腔戏作为乡村公共文化服务的特色内容,依托深厚的群众基础,在互动中唤起文化记忆、生活体验和情感共鸣,使人们参与到公共生活中来,深化了文化的认同感和凝聚力。如果说"改革开放以来,我国乡村社会发生了重大变化:从熟人社会走向半熟人社会,从礼治社会走向半法治化社会,从同质社会走向异质社会","当农民个体在获得更多自由、自主、权利、利益、机会等的同时,也淡化了对乡村社会的认同感与归属感,同时乡村社会处于'去公共化'状态之中,村庄共同体逐渐解体、传统权威性力量衰落、村庄公共事务参与不足、社会之间的联系越来越松散、农民之间的合作越来越少";那么,加强公共文化的服务与建设无疑是一个重要的切入点,通过具有历史和生活基础的公共文化活动铸造相互联系的纽带。"我们深深需要一种附属感,需要一种属于我们的文化和我们的社会的感觉,感到我们周围环境和生活方式中有一定程度的稳定和亲近",民间文化、民间文艺尤其具有这样的优势。与此同时,群众的文化需求、评价反响也对传统戏曲的传承与发展发挥影响,促使剧目不断融会时代精神和内容。综上,做好乡村传统文化资源的发掘、整理和传承是乡村公共文化服务体系建设不可或缺的组成部分。

二、乡村公共文化载体的创新与传播——以胶南剪纸、年画为例

青岛西海岸新区的琅琊、隐珠、宝山、辛安等地有剪纸传统,历史上,当地婚庆、节日以及日常生活中都有剪纸应用,样式有窗花、天棚花、镜子花、饽饽花、喜字花、鞋花、枕花、裙围花等,内容有"鸟语花香"等花鸟鱼蝶题材、"喜鹊登梅"等吉祥题材、"二十四孝"等历史人物题材以及"龙凤喜字""喜上眉梢"等传统民俗题材,样式朴实简练,工艺细腻精巧,阴阳结合,粗细兼用,融汇北方剪纸的粗犷豪放和江南剪纸的纤巧细腻,具有胶东剪纸的艺术韵味。但是随着生活方式和居住环境改变,传统剪纸用于节庆、婚庆、丧葬的民俗功能以及家居装饰功能逐渐淡化。应该说,作为具有广泛群众性、鲜明地域性和深厚历史文化内涵的民间艺术样式,剪纸是日常之诗、人民之歌,其中包含生活的谱系,其在当代社会的延续与发展不只是文化艺术的命题,也是群众文化生活的命题。

青岛市西海岸新区充分认识剪纸文化的历史基础和当代价值,将剪纸作为传播文化和维系社群关系的纽带,开展社区公共文化服务。当地以社区街道为组织单位,发展剪纸技艺群体,开展社区群众文化活动和公共宣传,发挥文化交流和宣传教育作用。例如,辛安街道剪纸中心是青岛西海岸新区建立的第一个以剪纸为主体的街道社区文化中心,现有剪纸会员200多人,举办剪纸大赛、剪纸交流活动和有关

公益活动，开展公共宣传和文化教育，成为社区公共文化服务的有机组成部分。在社区文化宣传栏，主题剪纸形式生动，内容涉及建设和谐社区、构建邻里关系、赞扬美好家庭、倡导尊老爱幼、歌颂好人好事，以及宣传防火安全等。剪纸成为宣传文化教育的重要载体，传统胶南剪纸题材由传统民俗题材向当代现实题材转变，体现青岛西海岸新区发展变化的"跨海大桥""新区风貌"等通过剪纸语言表现出来，富有时代气息。事实上，传统艺术的发展需要不断融入生活的感受、时代的感受，以不断创造发展意象性、符号化的装饰图案，表现生活的意蕴。在文化交流方面，社区文化中心组织剪纸大赛，选送优秀作品参加国家、省、市展览活动。在交流学习过程中，造型技法呈现出多元化的艺术取向。在社区送福、文化下乡等公益活动中，组织剪纸作者创作"福"字等节日主题作品，增加节日气氛，服务群众生活，发挥了文化传播与凝聚作用。在教育方面，剪纸走进当地幼儿园、中小学、大学和老年大学，分设不同年龄和人群的课程层次，传授剪纸知识，已初具规模。此外，以社区为主体的剪纸中心也在逐步探索产业化的发展路径，实施剪纸文化带动经济发展的双轨发展机制，主要依托街道剪纸艺术展厅的平台，组织剪纸作品展示、培训和现场体验，通过剪纸文化体验与商业运作结合，发展壮大剪纸文化产业。一方面，细分剪纸规格、纹样、题材，适应市场需要；另一方面，加大特色作品开发和营销力度，开发衍生产品，拓宽销售渠道。据了解，辛安剪纸文化艺术中心还与当地景区联系，设置了专门的剪纸销售点，并以现场剪纸体验的方式销售作品。青岛西海岸剪纸作为特色地域文化，融入新区公共文化服务建设，增强了社区文化的凝聚力，对当地文化服务乃至文化产业发展发挥了带动作用，体现了特色公共文化服务的作用和活力。

胶南年画是从传统年画发展而成的富有当地特色的现代民间绘画，也是青岛西海岸新区重要的民间艺术样式。胶南年画主要沿袭了传统潍县木版年画的特点，在不同时期吸收了工笔绘画、剪纸艺术、过门笺、上海月份牌等艺术造型手法。新中国成立以来，胶南年画的创作主体与创作风格发生了几次主要变化：即20世纪70年代，生产队社员在专业画家的辅导下从事创作，逐渐形成了写实年画创作的方向；20世纪80年代到21世纪初，以地毯厂图案设计师为代表的创作者，吸收民间艺术语言，形成了装饰绘画特色；21世纪以来，以中小学美术教师为主力的创作队伍，结合专业优势，进行多元化探索。整体上看，由于早期从事胶南年画辅导的艺术家多数受到西方美术专业训练，造就了追求严谨造型的特点。由于画家的生活经历不同且往往有自己的绘画风格，胶南年画具有鲜活的内容和韵味。如生活在农村的作者，画作多体现胶南民俗生活的记忆和童年乐趣，渔民多表现海上渔业场景；女性作者多表现母爱主题和生活感受；还有身处转型期的作者对生活境遇的反思。由于贴近生活，胶南年画也充满了持续发展的生命力。

当地重视运用这一特色文化资源开展公共文化服务。当地政府鼓励各类画院、协会组织健康发展，全区形成现代民间绘画创作的各类画院画室140多所、社团协会组织20多个，为相关创作繁荣奠定了基础。在展览交流中，一方面，以胶南年画为载体，表现国家政策、社会主义核心价值观和反腐倡廉等主题，以生动的形象和富有特色的绘画语言发挥宣传作用。另一方面，以胶南年画为纽带，增强乡土文化的凝聚力，如胶南年画的许多骨干作者来自张家楼地区，青岛西海岸新区文化馆就此举办"张家楼籍作者回乡巡回展"，增强作者队伍的凝聚力和荣誉感。在教育传播方面，胶南年画很早就开始进入课堂教学，如胶南师范学校开设的"图案课"，主要讲授胶南年画的创作方法。胶南师范学校毕业的中小学教师大多在自己的教学中融入了胶南年画创作，为年画进课堂打下了坚实基础。据统计，2016年当地文化局组织的美术培训中，2/5作者是中小学美术老师。当地小学多建有年画社团、胶南年画博览馆和传习所，中学有胶南年画主题的文化讲堂和校园开放日活动，驻地高校如中国石油大学组织出版了乡土教材，包含胶南年画等乡土文化，引导学生了解家乡文化。此外，青岛西海岸新区一直在探索胶南年画文化产业发展的途径。民营性质的现代民间绘画院兴起，集研究、收集、培训、创作、展示、销售功能于一体，迈出了胶南年画市场发展的步伐。政府和企业关注胶南年画及其衍生文化产品开发，建设年画体验馆，通过现场操作木版年画印制和对胶南手绘年画的展览，促进胶南年画相关的旅游体验和文化消费。胶南年画富有地方特色和群众基础，其传承和传播体现了公共文化服务的本质需求和规律，有特色、接地气、融入时代精神，发挥了积极充分的作用。

  历史上，剪纸、年画相对于书法、国画等精英艺术，以乡村劳动妇女和农民为主体，以图形纹饰为核心，与生活习俗相联系，在乡村社会中自发传承，有深厚的历史文化和群众基础。社会发展，生活变迁，剪纸、年画的民俗性和集体叙事的程式性不断弱化，但作为积淀深厚的民间文化样式，剪纸、年画不仅是一种平面化的纹饰叙事，也蕴含活态的历史语境和生活本身，具有本原的文化根性，将之作为公共文化服务的有机组成部分，符合其生成基础和发展规律。比如剪纸"图中有图"、年画"画中有戏"，作为公共文化宣传教育的载体，极富影响力和传播力。剪纸的"一事一剪""一物一剪"和年画的"一时一画""一地一画"等，作为公共文化活动的抓手引导人们深刻感知并创作表达今天的生活，以艺术语言塑造社会生活图像，完成当代民间的生活叙事，是民间文化生活的丰富和发展。总之，以剪纸、年画的民间文化艺术样式为载体开展公共文化服务，不仅在社区公共空间塑造了富有影响力、传播力的传统符号象征，而且激发和深化了大众对民族民间文化的认同与热情，是公共文化服务"公共性"作用的实现。

三、乡村公共文化服务的探索与普及——以"小品小戏进社区"为例

"小戏"是青岛地区具有深厚群众基础的文艺样式。从历史渊源看，小戏本身大部分源自农村，是"地方戏"一词的前身。在历史形成与发展过程中，主要由民众自己参与创作、表演和观赏，娱乐自我、表达自我，演出方式往往因陋就简，演技也不乏粗糙稚拙，但作为自由表达的形式，融入民众的生活情感，反映了许多民间生活状况，成为民族文化精神最鲜活、最重要的载体，在发生剧变的社会环境中，也被视作民族戏剧精神走向的代表。青岛具有民间戏曲说唱表演的历史文化基础，茂腔等地方戏曲在乡村社会拥有广阔的群众基础，小戏备受乡村民众喜爱。此外，"小品"作为一种大众文艺样式，自1983年央视"春晚"首次搬上舞台，即以短小精悍、幽默风趣、贴近生活，深受群众喜爱。小品创作和表演往往以幽默诙谐的语言、短小精炼的表达、简单明了的抒怀、意味深长的主题为特色，抓住日常生活里的小题材、小事件、小人物的喜怒哀乐，从乡里乡亲的家长里短、社会热点的世相百态出发，反映生活里的琐碎烦扰，并从这些琐碎中升华出对真善美的深情呼唤，而"艺术的伟大意义，基本上在于它能显示

人的真正感情、内心生活的奥秘和热情的世界",优秀的小品创作和演出交流,起到了审美、教育、交流、文化娱乐等多方面的作用。

青岛市西海岸新区在公共文化服务中抓住小品、小戏这一群众喜闻乐见的文艺载体,自2006年开始组织"小品小戏进社区"活动,十几年来,实现了乡村、城镇、社区全覆盖,广受城乡居民欢迎,在说唱表演、互动共鸣中实现了文化交流、文艺审美、政策宣传、教育普及的综合作用,在宣传党的方针政策、传承民间文艺传统、创新地方文艺样式、丰富乡村文化生活等方面产生了深刻影响。从内容主题上看,青岛市西海岸新区"小品小戏进社区"活动把握社会主旋律,弘扬社会主义核心价值观,追求真善美,发挥了以文化人、以艺养心、以美树人、价值指引的积极作用,是新时代乡村文化建设的生动课堂。剧目关注时事,反映当下,探讨民众关心的社会问题,引领民众正确处理国事与家事、社会与自我的关系,引导乡村群众树立现代公民意识,更加明确自己应担负的责任和应有的追求。不少小品小戏的创作者和演员表示,在乡村,小品小戏比传统大戏的受众面要广,群众的反响要热烈。主要的差异在于,传统戏曲剧目多为历史题材和程式化表演,受众以老年人居多,一定程度上与现代社会脱节;小品小戏常演常新,取材现实生活,新事物、新词汇、新观念融入其中,有浓厚的时代气息。因此,在综艺小品和传统戏曲不同程度地面临发展困境之时,乡村舞台上的"小品小戏"却如山花烂漫,深受群众喜爱,根本原因是作品内容与生活的联系。把握鲜活的民间文艺载体,关键是把握鲜活的内容生产机制,"文以化人"根本要实现生活相连、心灵相通。青岛市西海岸新区"小品小戏进社区"文化活动在小戏传统的传承和内容的创新上,做出了卓有成效的探索。

从艺术形式上看,"小品小戏进社区"活动抓住小品小戏的精髓,把握"小品小戏"之"小",篇幅短小,情节简单,人物关系简明,演员少至三两个,艺术形式保留了乡土歌舞的戏剧特色。坚守"小品小戏"之"朴",由城镇乡村中民众自发创作,表演者往往未受专门训练,表演时采用日常生活动作或歌舞动作,表演特点、人物装扮等与日常生活更为接近,歌舞化、程式化程度不高。追求"小品小戏"之"真",剧目内容源于生活事件、新闻等,表现人们日常的生活、情感,真实、迅速地反映当下群众的生活状况和思想,整体上保留了民间文艺的"民间"品格。如《中国民间戏剧研究》指出的:"直接由人民大众或其民间艺人所创作或传播的小型歌舞剧,反映的思想感情和艺术趣味,完全是民间的。在专业剧作家中,有时也创作过一些小型戏剧,有的经过长期流传后,得到人民大众和民间艺人所加工、润色,基本上或完全民间化了,这也应承认它是民间小戏。"

从创作和组织机制上看,"小品小戏进社区"文化活动的展演剧目均为城乡社区居民的原创作品,由城乡民众自发创作,不仅不同于专业的、精英的文艺创作,具有民间文艺的乡土本性,而且基于业余创作者和表演者职业、身份的多元化,具有城乡文化融合的内在基础和动力,在乡村巡演的互动交流过程中,形成了新时代乡村文化的"众创"机制。值得指出的是,演、创团队的多元化形成了多元化的视角和观念,基层文化站工作者、城镇企业职工、军转干部、大学生志愿者的加入,增加了剧作内容的时代气息,对现实生活的理解、对时政热点的解读、对日常矛盾关系的处理等,都有更开阔的视野。"小品小戏进社区"在其多元化的创演机制上是一种城乡文明的融合,而且这个融合的过程,不是说教,不是城乡文化孰优孰劣的区分和"给"与"送",而是在某一个具体生动的戏剧冲突里通过共鸣来实现。因为从根本上说,"小品小戏进社区"文化活动中的创作者、演出者和观众来自城乡社区、各行各业，他们是生活在同一地区、承袭同一文化传统的群体，拥有共同的民间文艺传统，秉承共同的历史记忆、生活知识、文艺技艺和乡土情感，他们对方言乡音、乡土民情构成的小品小戏充满了创作、表演、观赏的热情，任何一员都不是被动的接受者，而是积极的参与者。青岛市西海岸新区"小品小戏进社区"文化活动创建了乡村文化的"众创"机制，把握了民间文艺集体创造与传承的基础，回归民众这一民间文艺创造的万千生活主体，保持文化的感染力和创造力，为乡村文化建设以及民间文艺的传承与发展提供了可贵经验。

从活动的影响效果看，小品小戏在当地人的习惯、爱好中生成，这些短小活泼的节目，形制虽小，却有大的接受空间。小品小戏在乡村文化建设中发挥了新的人际纽带作用。特别是从近一段时期以来的乡村常住人口构成来看，青壮年进城务工，乡村常驻者以老年人和女性居多，小戏在历史上就有"栓老婆橛子戏"的别称，切中这一乡村群体的文化需求。相对于农家书屋遇冷、乡村电脑室闲置等现象，小品演出作为互动性强的大众文艺活动，深受乡村群众喜爱，常常是锣鼓一响、村喇叭一广播，就有万人空巷的盛况。活跃在乡村群众舞台上的小品始终坚持小品的真谛，走进生活、创新题材、挖掘内涵，在接地气的同时传递艺术的真、善、美，丰富寓教于乐的表达形式，不仅给观众带来欢乐，更带来思考。乡村文化建设要抓住鲜活的载体，因为"文以化人"不是一个生搬硬套的僵化过程。青岛市西海岸新区"小品小戏进社区"文化活动对于把握当下语境中乡村文化鲜活的、富有感染力的、人民群众喜闻乐见的文艺载体，做出了深入的探索和开拓。乡村文化建设的本质，不是舞台聚光灯下的佳绩、展赛名录上量化的成果，而是民间日常世俗世界里的人文气息、善与美的追求和比物质更恒久的幸福感与获得感。如诸多小品小戏的骨干作者表示，十几年如一日的坚持源于发自内心的热爱。这种表演的形式、内容、语境，都是完全归属当地的和传统的，由地方民众群体在其原生场域中共同实现。

从根本上说，"人文化成"之文化，是有根基、有文脉、历久弥新的积淀过程。正如传统乡村社会里生产生活方式、人伦关系、价值系统等作为一种赋形机制，形塑了风俗、礼仪、信仰以及工艺造物等具有"内聚力"和特定内涵的文化传统礼俗规约工艺造物，赋予衣食住行用之物以秩序和规范，不仅以自上而下的典章制度实现"器以藏礼"，而且在民间礼俗中寄予自然、人伦之理，使"物"除具有实用功能外，还富有象征意义和伦理价值，具有礼俗约定下的意义世界。乡村是一个生活共同体，公共文化服务要因地制宜，抓住鲜活载体，发挥民众创造力，做到寓教于乐、群众喜闻乐见，构建文化互联的纽带，维系更具情感性质的生活，化解乡村文化变迁过程中可能产生的矛盾，在以艺术审美和文化交流为核心的互动中重塑和改变乡村共同体的结构和内容，实现文化振兴、乡村振兴。

青岛西海岸新区文广新局深入实施"文化引领"战略，坚持文化事业、文化产业双轮驱动，为新区建设发展提供了坚实有力的文化支撑，推动新区各项文化工作走在省市乃至全国前列。青岛西海岸新区的公共文化建设采用多层级、网络化的布局，其发展在国内处于领先地位。课题组从城乡一体化发展的总体布局和乡村生产生活、自然禀赋、文化传统等综合因素出发，研究了该区乡村社区公共文化服务体系建设的实践机制。青岛市西海岸新区傍海临山，有独特的自然生态和特色鲜明的民间文化资源，既是青岛市最大的市辖区、第九个国家级新区，也是民间艺术资源丰富、城乡过渡的典型地区。其乡村剧团、

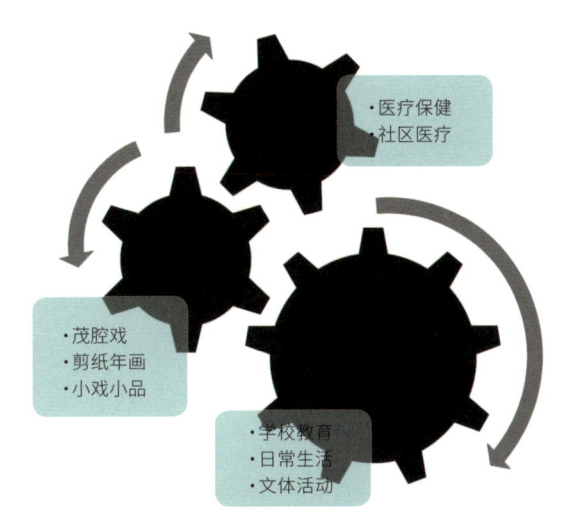

图 2-34　青岛西海岸新区的公共文化建设示意图

农民画院、小戏小品演出等注重挖掘乡土文化资源，植根乡村生产生活，以群众喜闻乐见的形式开展公共文化服务，以社会主义核心价值观引领乡村精神文明建设，取得了积极成效。从青岛西海岸新区的案例可见，乡村社区公共文化服务既是满足民众休闲文娱等需求的文化服务，也是保护与传承优秀传统文化的服务。开展具有价值引领、情感内涵、文化记忆和当代生活内容的文化活动，很大程度上也是在构建文化纽带。在乡村社会日益呈现出"原子化"和"去公共化"的趋势下，乡村公共文化服务能够发挥互动、认同和凝聚的作用，有助于乡村社会公共性和共同体的重建。

西海岸新区的调研主要集中在隐珠街道、新安街道等地点。如图所示，西海岸新区的调研内容主要由三个部分组成：一是以茂腔戏为例，研究该区对乡村公共文化资源的挖掘和激活过程；二是以胶南剪纸、年画为例，研究青岛西海岸新区乡村公共文化载体的创新与传播

图 2-35　青岛西海岸新区剪纸元素进入公共文化服务

实践；三是以"小戏小品进社区"为例，研究乡村公共文化服务建设的探索与普及过程。

从图 2-35 中可以看出，作为一种民族艺术形式，剪纸在当地村民生活中的作用发生了很大的变化，作为生活用品的剪纸已经淡出人们的视野。但是作为乡村文化的一部分，西海岸新区认识到剪纸的重要文化功能，剪纸作为一种民间艺术形式广泛地进入服务生活、社会宣传、公益活动和课堂教学中，在服务于老年人和孩子等特殊年龄群体的文化活动中担当了十分重要的角色。在文化产业层面，剪纸元素作为装饰品、伴手礼和旅游产品正在逐步开发中，随之而来的产业发展正在逐步推进。此外，青岛海洋文化打造的贝壳博物馆，城市阳光平台非物质文化遗产体验区等，通过文化产业的发展，丰富了居民的文化生活，增强了民众的文化记忆，提高了人们的文化生活水平，形成了经济与文化良性互动，双轮驱动的快速发展趋势，是新区经济发展和文化传承两条腿走路的典型案例。

乡村公共文化服务振兴典型案例之三

山东曲阜现代公共文化服务模式

曲阜市在乡村振兴过程中，科学地处理好农村人民的美好生活需要与乡村建设的不平衡不充分发展之间的矛盾，着力从"固根基、扬优势、补短板、强弱项"出发，构建了系统完备、科学规范、运行有效的文化制度体系，进一步筑牢乡村振兴的文化主阵地，乡村文化整体呈现出昂扬发展之势。曲阜市乡村文化振兴工作取得的成绩如下：

图 2-36 曲阜孔林秋色（曲阜市委宣传部供图）

第一，坚持儒家文化引领，营造儒家文化氛围。作为孔子故里，儒家文化发源地，曲阜市有着十分深厚的儒家文化底蕴，市委、市政府以此为基础，坚持"百姓儒学"理念，积极推动优秀传统文化全面融入群众生产生活。

首先，实施"儒学六进"工程，即儒学进学校、进机关、进企业、进厂矿、进农村、进社区。按照"孔子学堂门牌、孔子学堂章程、儒学讲师公示、培训计划公开"的"四个一"标准设立了457所孔子学堂，招募了500余人的儒学讲师队伍，编印了具有曲阜特色的《论语精粹》教材，对全市人民进行滋养。其次，举办"百姓儒学节"。"百姓儒学节"坚持"百姓设计、百姓组织、百姓参与、百姓评判"的原则，节日活动主要有朝圣祭孔、经典诵读、文明礼仪培训、惠民演出、百姓春晚等。再次，实施家风培树工程。每家每户在全家合影下方悬挂自己指定的家风家训，万余家庭参与到"写家风、晒家训"活动中，曲阜市共评选出了300多个"最美家庭"。曲阜市还突出传统节日的载体作用，根据不同的节日特点制定不同的节日主题，让传统节日回归仪式感。

第二，坚持农村道德高地建设，提高百姓道德文化修养。曲阜市大力加强社会公德、职业道德、家庭美德和个人品德建设，以建设社会主义核心价值体系为根本，坚持核心价值引领，培育孔子故里时代新风。

首先，实施"爱诚孝仁"四德工程。曲阜市设计开展了"爱聚孔子故里""诚播文化名城""孝传千家万户""仁洒和谐社会"四大主题64项系列教育实践活动，积极培育个人"爱""诚""孝""仁"四个核心品格要素。曲阜市先后评选表彰道德模范、身边好人和"德耀圣城·最美曲阜人""百佳孝星""新时代好青年"等先进典型1.2

万人。全市实现了善行义举榜、主题活动、示范创建三个全覆盖。其次，实施"诚信曲阜"建设工程。曲阜市立足实际，突出"文明指数、旅游诚信、师德建设"三大特色指标，针对教师、导游及旅游从业者等人群制定了专业标准。该市搭建起以"诚信"为代表的"六个全覆盖"一体化工作平台，归集了基础信息82.7万条、征信信息3.4万条，

图 2-37　尼山圣境（李晖摄影）

月月发布"诚信红黑榜"，初步形成了"守信激励，失信惩戒"机制。再次，实施"全民修身""全民守法"工程。在全市城乡居民、中小学生等不同群体中，分层开展修身教育活动。坚持领导干部带头，实施干部修身计划，打造"儒韵清风"廉政品牌。坚持德法兼治，村村设立"法制宣传一条街""法制书屋""法制大讲堂""全民守法红

图 2-38 尼山讲堂 （尼山圣境供图）

图 2-39 尼山夜游 （尼山圣境供图）

黑榜",户户发放《全民守法手册》,巡回播放法制微电影和短剧。

第三,探索基层治理新模式,开拓和谐乡村新方向。为配合乡村道德高地建设,开启并坚持"特色品牌创建"工程,曲阜市对基层治理新模式进行"试水",同时也探索出一条和谐乡村建设的新路径。

首先,曲阜市试点建设了"乐和家园"。"乐和家园"实行"乡村党支部+一站+两会+三院+六艺"的运行管理模式,即以村支两委为主导,以社工站为技术支撑,以互助会和联席会为交流平台,以文化大院、乐和书院为活动阵地,以"耕读居养礼乐"新六艺为主要内容,探索传统文化与社会治理相结合的新模式,并引进社会公益组织配合工作。目前,"乐和家园"在全市15个村进行了试点,带动群众10万余人,工作经验入选全国宣传思想文化工作示范区100例。其次,设立"和为贵"调解室。曲阜市在405个行政村和部分民生部门共建立了431所"和为贵"调解室,调解员由村"两委"干部、新乡贤、"五老人员"、本村德高望重的村民和法律工作者担任。通过设立调解室,引导群众通过非诉讼途径调解矛盾纠纷,树立知礼明理的守法观念。截止到目前,全市"和为贵"调解室共调解矛盾纠纷4000多起,调解成功率98%。"和为贵"调解室被称为"孔子故里的农村版小法庭"。再次,走好网上群众路线。曲阜市出台了《网络意识形态工作责任制实施意见》《关于走好网上群众路线的意见》等文件,搭建了市委书记与网民面对面、网民座谈会、网络问政平台、马上就办、网上直通车等一系列政民互动平台。

第四,推进文化资源系统整合,坚持文化产业优先发展。依托孔子故里、文化名城的天然优势,曲阜市深入挖掘传统文化资源,重视发展文化创意产业,在重大项目引领、文化业态培育等方面已取得较大成就。

一方面，曲阜市实施重大项目引领。该市以建设"曲阜优秀传统文化传承发展示范区"为契机，突出重大文化项目建设。曲阜市推动实施《曲阜市优秀传统文化传承发展工作方案》"八大工程"，建设了尼山圣境、孔子博物馆、明故城、鲁国故城、孔子学院总部体验基地"五大文化项目"，打造了政德、师德、企业、青少年"四大教育平台"。尼山圣境2018年9月28日试开园，十一黄金周期间日均接待游客近万人次；孔子博物馆2018年11月26日开馆试运营，首批2500件（组）珍贵孔府文物被展出；孔子研究院内的孔子学院总部体验基地也即将开放，已吸引100多个国家的海外孔子学院师生到访。另一方面，突出文化业态培育。曲阜市坚持培育发展主导产业和特色

图 2-40 孔子博物馆（冯磊摄影）

产业，突出文化旅游、教育培训等主导产业，重点发展会展演绎、文物复仿、古玩交易、园林古建、孔府菜餐饮等特色产业，同时积极挖掘传统文化资源如篆刻印章等。孔府印阁主攻篆刻，兼及书画，依托儒家文化，传承发扬传统艺术，已形成近 30 位传统手工艺人为核心的 400 余人的专业团队，通过电商等现代运营手段，年销售额近 3 亿元。曲阜市通过发展乡村文化产业，实现了传统文化的创造性转化与创新性发展。仅 2018 年，曲阜累计接待研学游客 100 万人次，实现从观光旅游向文化体验和"圣城朝圣"转变，从门票经济向旅游经济转变，成功创建国家全域旅游示范区。

第五，坚持引领服务群众，推进两个中心建设。曲阜市把新时代

图 2-41　孔子博物馆（卞磊摄影）

图 2-42　孔子博物馆展品之一（课题组供图）

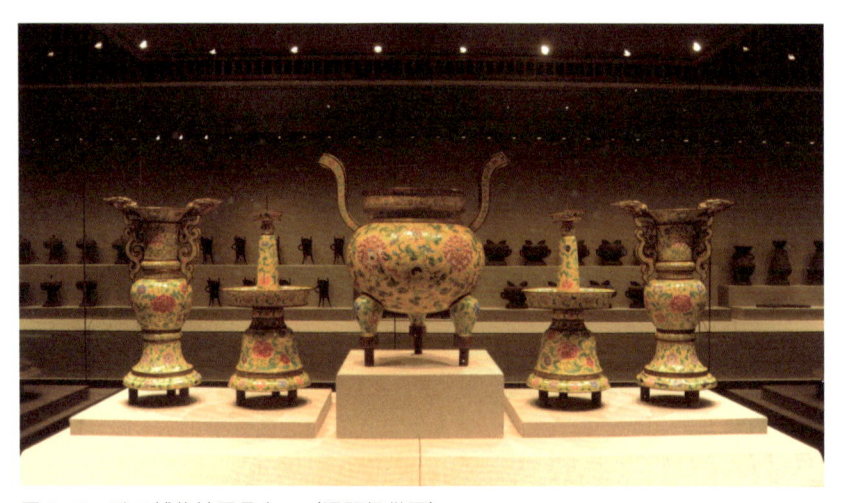

图 2-43　孔子博物馆展品之二（课题组供图）

文明实践和融媒体"两个中心"建设作为打通引领群众、服务群众、凝聚群众"最后一公里"的具体实践，坚持同频共振、同向发力，共建互融互促。

一方面，该市深入推进新时代文明实践试点工作。按照"试点先行、以点带面、因地制宜、突出特色"的原则，曲阜市设立了正科级新时代文明实践中心办公室和每年2000万元的专项建设资金，建立起市、镇、村三级组织架构。该市构建起"1258"工作体系，探索"4554"工作路径，首批在12个镇街、93个行政村进行试点。按照"一个志愿服务组织至少一个特色服务品牌"的要求，曲阜市涌现出"圣城文化使者""杏坛飘香·爱心助学"等一大批优秀志愿服务项目。该市把每个月首个周六设为全市文明实践日，结合中秋、重阳等"我们的节日"和孔子文化节、百姓儒学节等地方节庆，组织开展邻里饺子宴、老百姓的春晚、农民丰收节、百姓朝圣等群众性活动。曲阜市创新实施科学理论"四讲"、领导干部包保和定期走访贫困户、党员划片定岗连户、一村一名儒学讲师、一村一名法律顾问、一村一名农技员、一村一医等制度，有35个村自发设立了实践基金。围绕理论落地、政策落实、文化传承、文明传播、关心关爱等多个主题，曲阜市深入开展党的理论政策宣讲、庄户剧团演出、科技活动周、新农村新生活培训等活动1100余场次。另一方面，曲阜市积极推进"两个建设"共建共融，初步形成了"一个中心+五个平台（声、屏、报、网、微）"一体化运作的融媒体工作模式。该市开通了文明实践"媒体直通车"，实施文明实践站"第一通讯员""第一记者"制度，12个实践分中心、93个实践站站长和专职管理员担任融媒体第一通

图2-44 曲阜市小雪街道武家村

讯员，16 名融媒体编辑、记者联系实践站。他们还建立了线上线下服务机制，开辟了"我要实践""民生服务"等栏目，开设了时间动态、民生在线、志愿者服务等板块。

　　曲阜市小雪街道武家村是济宁市首个新时代文明实践站。墙上所展示的是村里在文明家庭、家风家训、十佳孝星等评先树优活动选出的代表。据小雪街道党工委委员、宣传委员颜景介绍，前几年，村里有不少人都在外打工挣钱，可腰包鼓了，脑袋却空了，村民之间感情很淡，甚至出现了不少因为田地、老宅引发的纠纷。近年来，武家村通过村民身边的人和事，对群众进行看得见摸得着的四德教育，并开设了特色儒学课程，村里形成了人人争着做好事、当好人的风气。如今村里不仅没了争执，好人好事更是层出不穷。

第三章 乡风文明建设"齐鲁样板"研究

党的十六届五中全会提出，要建设"生产发展、生活宽裕、乡风文明、村容整洁、管理民主"的社会主义新农村。乡风文明建设既是建设社会主义新农村的重要内容，也是建设社会主义新农村的有效途径。2011年4月，山东省文明委牵头协调"乡村文明行动"，期望围绕社会主义新农村建设，以行政村（社区）为基本单位，以社会主义核心价值观建设为根本，通过乡村文明建设，营造新环境、培育新农民、倡导新风尚、发展新文化、实现新发展。只有不断加强和改进乡风文明建设，才能顺应历史要求和农民群众的愿望，才能统筹物质文明和精神文明建设，使农村经济发展进入良性循环，真正做到全面协调的可持续发展。2013年11月，习近平总书记在山东考察，围绕贯彻党的十八届三中全会精神做好"三农"工作，是此次调研的重要内容。[1] 2017年10月，党的十九大明确实施乡村振兴战略的目标任务。2018年中央一号文件对实施乡村振兴战略做出全面部署，文件从提升农业发展质量、推进乡村绿色发展、繁荣兴盛农村文化、构建乡村治理新体系、提高农村民生保障水平、打好精准脱贫攻坚战、强化乡村振兴制度性供给、强化乡村振兴人才支撑、强化乡村振兴投入保障、坚持和完善党对"三农"工作的领导等方面进行安排部署。[2] 2018年

---

[1] 《习近平：汇聚全面深化改革的强大正能量》，《人民日报》，2013年11月29日，01版。
[2] 《中央一号文件：适度放活宅基地和农民房屋使用权 严禁下乡利用农村宅基地建别墅和会馆》，新华网，2018年2月5日。

3月8日上午,习近平总书记参加十三届全国人大一次会议山东代表团审议时,就实施乡村振兴战略特别是推动产业振兴、人才振兴、文化振兴、生态振兴、组织振兴和乡村振兴健康有序进行提出明确要求。[1]

一、加强基层党组织建设,注重提高农村党员、干部的素质

党的第十七届中央委员会第三次全体会议通过的《中共中央关于推进农村改革发展若干重大问题的决定》指出:"推进农村改革发展,关键在党。"[2] 加强乡风文明建设,重心在党基层组织。在乡风文明的建设过程中,农村党员干部是实际的组织者、领导者。因此,在乡风文明建设的过程中,农村基层党组织建设首当其冲。首先,要对农村党员干部进行教育和培训,既包括先进性教育,又包括致富能力的培训。其次,要建立、健全村干部、村支部干部的选拔考核机制,选出真正善于经营管理并且能够带领一方群众共同致富的人进入村党支部,使党支部充满活力。在课题组调查及了解的山东省乡风文明建设典型案例之中,每个地方都有一个强有力的基层党组织及带头人,带领当地村民走上致富之路,开始乡风文明的有效建设。比如,荣成院夼村非遗传承人王巍岩老书记、邹城西颜村新乡贤齐如松等。

---

[1] 习近平总书记参加十三届全国人大一次会议山东代表团审议时的讲话,新华网,2018年3月8日。

[2] 《中共中央关于推进农村改革发展若干重大问题的决定》,新华网,2008年10月19日。

二、经济发展是基础，切实提高农民的收入水平

"仓廪实而知礼节。"收入水平低，是农民产生不文明行为的原因之一。在基层党组织的带领下，提高农业生产的科技含量，增加市场竞争力，改善、调整农业的产业结构，增加花色品种，提高农民收入，减少农村与城市的收入差距，为乡风文明建设夯实经济物质基础。通过各种形式拓宽农村经济发展道路，不断发现和培养经济发展新的增长点，不断改善农村、农民的经济环境，为乡风文明建设奠定坚实的物质基础。此外，有了可靠的致富门路与现实成果，农民会认识到幸福来自于自己辛勤的劳动创造，会主动减少各种不良习惯和有效抵制各种不良思想，有利于乡风文明建设的进行和巩固乡风文明的成果。在调查及了解的山东省乡风文明建设典型案例之中，乡风文明的建设都是建立在首先解决了村民的温饱问题，甚至是已经达到了小康水平的前提之下，逐渐完善各种有利于乡风文明建设的规则与制度。比如，临沂常山庄村因为红色旅游脱贫，青州南小王村因为引进蔬菜大棚致富等。

三、完善农村社会保障体系

实施乡村振兴战略，不仅要保障农民的生活水平、经济收入有所提高，还应使农民享受到应有的福利。建立、健全农村社会保障系统，解除农民的后顾之忧，让他们全身心投入到新农村建设中去，能够为乡风文明建设提供一个宽松的环境。乡风文明建设作为社会主义新农村建设的重要组成部分，在积极稳步地向前推进的同时也需要有健全的农村社会保障体系作为支撑。首先，建立、健全农村养老保障体系。

各地可依据当地具体实际，发展多层次的农村养老保障体系，切实保障农民"老有所养，老有所依"。其次，建立和完善医疗保障制度。新型农村合作医疗保障制度为农民群众的身体健康提供了一定程度的保障，关系到我国工农城乡之间的协调发展，继续以政府为导向，建立、健全资金的缴纳、使用规范制度，增加透明度，提高农民加入农村社会保障的积极性。再次，健全农村社会救助制度。如果在现实中，单纯依靠农民自己来解决基本生活问题存在困难，比如因病、灾、缺少劳动能力等造成生活困难的贫困对象等，可以通过推进建设社会救助体系，鼓励社会各方力量共同参与，建立起与经济发展水平相适应的社会救助体系。在课题组调查及了解的山东省乡风文明建设典型案例之中，农村养老问题基本都已经得到了有效的解决。比如，邹城后八村的尊老敬老活动、青州南小王村的幸福院建设等。

四、建设法律援助体系，完善农村法律服务

由于农村固有的传统法律文化与现代法制之间存在一定的矛盾，农民的法律知识和心理难以从根本上得以改变，因而具有现代精神的法律并不是很容易在农民中产生效应。所以，我们应当完善农村法律建设，向农民提供基础的法律援助，完善农村法律服务。比如，2016年11月，山东省委办公厅、省政府办公厅印发了《关于开展"一村（社区）一法律顾问"工作的实施意见》，提出到2018年底，山东省将基本实现"一村（社区）一法律顾问"全覆盖，同时明确要求"各级政府进一步落实保障责任，建立完善政府购买服务和对村（社区）法律顾问进行适当经济补贴的经费保障机制"。在课题组调查及了解的山东省乡风文明建设典型案例之中，每个地方都有固定的法律

顾问，邹城西颜村村委会广场的宣传栏上张贴着法律顾问的照片、微信二维码、邮箱、电话等。

五、文化建设是根本

从内涵上来讲，乡风文明主要指农民群众的思想、文化、道德水平。改革开放以来，农村面貌发生了翻天覆地的变化，然而即便是在富裕以后，广大的乡村依然处在文化相对贫乏的状况之中，广大农民需要先进的价值理念、文明的生活方式、健康的娱乐休闲形式以及和谐的生产生活环境。因此，在乡风文明的建设过程中要破与立并重，大力移风易俗，破除那些与社会主义精神文明发展相违背的旧俗，保留优秀的文化习惯，弘扬优秀传统文化，保护和挖掘地方文化资源，为培育文明乡风奠定历史价值依据。

第一，进行乡风文明建设不是要将农村的乡风旧俗全部废除，以城市文化来对农村文化进行彻底的覆盖。我们具有千年历史传统的农耕文化，在农村有着大量与农业生产有关联的风俗习惯，值得好好留存并传承。尤其是一些非物质文化遗产项目，如果保护和传承得当，可以成为乡风文明建设的核心内容。当然，对于很容易产生浪费现象的丧葬习俗和婚嫁习俗需要注意引导，以简洁、节省的方式来替代繁缛、浪费的旧俗。对于一些"老规矩"要吸收保留合理的部分，对于其不合理的部分，要引导采纳新的办事方式。

第二，开展健康向上的娱乐休闲活动。建设乡风文明，更不能够忽视农民日常的娱乐休闲活动，所以要加强组织领导，在丰富农民的文化生活方式的同时，更加注意文化生活的内容和质量。当前农民的娱乐休闲活动方式不多，最常见的便是棋牌、麻将、电影、电视等。

农民在进行棋牌、麻将等娱乐活动的时候，容易产生赌博、迷信、打架斗殴等不良现象，所以要对这些活动进行引导。此外，遵照《中共中央办公厅 国务院办公厅关于进一步加强农村文化建设的意见》，"开展多种形式的群众文化活动。农村文化活动要贴近群众生产生活实际，坚持业余自愿、形式多样、健康有益、便捷长效原则，丰富和活跃农民群众精神文化生活。充分利用农闲、节日和集市，组织花会、灯会、赛歌会、文艺演出、劳动技能比赛等活动。紧密结合农民脱贫致富的需求，倡导他们读书、学文化、学技能，普及先进实用的农业科技知识和卫生保健常识。以创建文明村镇、文明户等为载体，积极引导广大农民群众崇尚科学，破除迷信，移风易俗，抵制腐朽文化，提高思想道德水平和科学文化素质，形成文明健康的生活方式和社会风尚。根据时代的特点和农民群众精神文化需求的变化，不断充实活动内涵，创新活动形式"。

第三，健全挖掘和保护乡村优秀文化的政策。各地区乡村的民族故事、英雄人物、风俗习惯等文化资源独具特色、异彩纷呈，应制定一系列的相关政策为乡村优秀传统文化的挖掘和保护工作提供技术人才和资金支持。通过考察可知，菏泽丰富的文化资源积淀，包括与之相关的传承人，都是菏泽乡村振兴的丰富文化宝藏和创新创意源泉。从目前来看，无论这些非遗博物馆、乡村记忆馆，还是曲艺、戏剧传承团队，如果文化不能与产业很好连接，运营和经营上会步履维艰，难以产生真正的价值。针对这种情况，政府可以考虑引进高水平的有乡村建设顶层设计经验的智囊团，甄选有开发价值的项目进行全局设计，打造"鲁西南文化品牌"项目——牡丹节、画乡、新农业高科技旅游。

第四，农村的乡风文明建设是在全国大环境中进行的，不能够脱离城市文化的影响。农村要发展，迫切需要全社会的力量来支持。城市在人才、资金、技术、信息等方面都有着得天独厚的优势，而且城市文化的发展对于周边农村也有着辐射作用，要充分发挥城市文化在影响农村发展方面的良性作用，减少或者避免其负面作用。

在课题组调查及了解的山东省乡风文明建设典型案例之中，每个地方都会根据自身的环境和历史进行相关的文化传承与保护，比如荣成院夼村的渔业文化、临沂常山庄村的红色文化、后八村的孝德文化，等等。

六、倡导文化自觉，为培育文明乡风提供价值依据

倡导文化自觉，就是要发挥村民的主体性，在政府、学者、乡贤的引导下，积极主动地去重新挖掘、理清、认识、珍视自己本地的优秀文化，只有这样村民才看得起自己的文化、明白当地的优秀风俗是从何而来，又是在什么情况下"变了味"，才能正视当地悠久的传统文化价值。

文化自觉与乡风文明培育之间的关系主要体现在以下三个方面：首先，文化自觉为培育乡风文明提供了智力手段。乡村优秀文化具有鲜明的地域性，拥有极具特色的哲学思想和人文精神，能够通过影响人的思想价值、激发人的创新意识和调整人的行为方式，在认识世界和改造世界的过程中，转化为物质力量。其次，文化自觉能唤醒乡民的地方文化认同，潜移默化地影响当地人的价值观念和思想意识。培育乡风文明需要发挥乡村优秀传统文化的价值整合功能，将乡民的价值观与追求美好生活、乡村振兴的宗旨一致，为新时代乡土文化培育提供理论依据。再次，传统文明乡风为乡民的文化自觉意识提供道德

建设依据。乡村优秀文化蕴含着尊老爱幼、邻里相助和诚实守信等中华传统美德，能够规范人们的价值取向、思维方式和行为方式，乡民自觉地延续这些优良传统，能增加他们的文化自信与在地感，从而增加生活的幸福指数。

七、培养文化自信，为乡风文明建设提供内生动力

党的十九大报告强调："没有高度的文化自信，没有文化的繁荣兴盛，就没有中华民族伟大复兴。"坚定文化自信集中体现为对中华优秀传统文化、中国革命文化和中国特色社会主义先进文化的认同与肯定，能够在社会活动的细节中展现文化自信的精神特质，并且能够根据时代的发展需求，对文化进行创新发展，不断地影响着一代代人的思想方式和行为方式。

坚定文化自信，推动乡村文化的繁荣发展，是实现文明、和谐乡村建设的着力点，主要体现在以下三个方面：首先，科学文化素养不断提升，价值取向不断端正。乡民能够摒弃陈规陋习、封建迷信的思想，积极学习先进的科学文化知识，以科学的知识武装头脑，以科学的思想去观察问题，以科学的方法去处理问题，形成科学的世界观、人生观和价值观。其次，思想道德素质不断提升。乡民能够继承和弘扬尊老爱幼、勤俭节约、自强不息、诚实守信等传统美德，形成良好的社会风尚。再次，乡村社会风气和谐。人与人、人与社会以及人与自然能够和谐相处，逐渐形成人人安居乐业、健康向上的社会氛围。因此，培育文明乡风能够为坚定文化自信提供和谐的社会环境，凝聚乡民力量，实现乡村文化振兴。

八、培育良好家风，做好家庭内部的代际传承

家风正则民风淳。乡村社会共同体是由核心家庭和联合家庭组成的，家庭是乡村社会最基本的社会单元。培育和传承良好的家风是乡风文明建设的重要基础。如果每个家庭都能做到尊老爱幼、团结邻里、遵纪守法、崇尚文明，那么整个乡村社会共同体必然会呈现出长幼有序、邻里和睦、明礼诚信、和谐安定的美好画面。如果家风不正，那么整个乡村社会也必然会随之出现长幼失序、邻里纠纷等各种各样的问题。因此，培育良好家风是乡风文明建设的基础和重要途径。

具体来说，要培育和传承良好家风，需要从以下两个方面努力。第一，在每个家庭内部，父母要言传身教，率先垂范，做好家庭内部的代际传承。父母是孩子最好的老师，父辈的言行举止在潜移默化中影响着下一代的成长。因此，在家庭内部，父母应当严于律己，做好孩子的榜样，通过言传身教的方式把良好家风代代相传。第二，在村落共同体内部，应当大力弘扬良好家风，积极传播良好家风故事，从制度层面保障良好家风的传承。山东省青岛市莱西市马连庄村和山东省济宁市邹城市中唐村在培育良好家风方面为我们做出了表率。

九、制定村规民约，强化舆论道德监督

培育良好乡风应当通过制定村规民约等手段，强化舆论道德监督。优良乡风的培育是一项长期的、系统的工程，仅靠村民自觉养成良好习惯是远远不够的。我们应当根据乡村社会的实际情况，多管齐下，充分发挥村落共同体的社会自治功能，通过制定村规民约，从制度层面做好保障，使得良好乡风的培育有章可循。在乡村社会中，村

民的舆论道德监督发挥着重要作用，是保证村落秩序良性运转的重要机制。每天，村民都会通过口头叙事等方式对村落共同体中各个成员的言行举止进行评论。对于那些不符合村规民约规范的行为，村民会对他们进行批评，通过制造舆论压力迫使他们纠正自己的不当言行。因此，我们应当充分利用这一舆论监督机制，通过村民的舆论道德监督，促进优良乡风培育。山东省济南市相一村和山东省淄博市赵瓦村就是通过制定村规民约来促进乡风文明建设的。

习近平总书记强调："文化是一个国家、一个民族的灵魂。无论哪一个国家、哪一个民族，如果不珍惜自己的思想文化，丢掉了思想文化这个灵魂，这个国家、这个民族是立不起来的。"[1] 培育文明乡风离不开优秀文化的引导、塑造和规范等作用。随着世界经济全球化的步伐不断加快，中国乡村面临着西方价值观念和意识形态的冲击，中国乡村传统文化在社会中的主流地位正在被侵蚀、消解，甚至是摧毁，多元文化和价值观的冲击加大乡村社会的离心力，加剧乡民之间的矛盾。为此，要加大不良乡风的整肃力度，并寻找优秀传统文化与社会主义核心价值观的有效衔接点，通过多样化的宣传，引导乡民树立科学的价值观和伦理秩序。

十、建立健全激励机制，树立正面典型

培育良好乡风，需要建立长期有效的激励机制，"建立健全乡风文明建设的长效机制，可以使乡风文明建设工作有章可循、有据可依，

---

[1]《习近平：不同国家、民族的思想文化有姹紫嫣红之别 无高低优劣之分》，新华网，2014年9月24日。

有利于实现乡风文明建设的科学化、制度化、规范化"。在乡风文明培育过程中，建立健全各项奖励、激励制度，树立正面典型，能够让村民在养成良好行为习惯时充满动力。一方面，通过对先进典型的公开表彰和奖励，能够让村民向先进典型看齐，无形中规范自己的言行举止；另一方面，实际的物质性奖励能够激发村民养成文明习惯的动力。山东省济南市平阴县庄科村的乡风文明银行积分兑换制度和烟台市莱山区解甲庄李家疃村"婆媳互夸会"就是典型的案例。

玫瑰镇庄科村于2018年8月成立了乡风文明银行，组建了以党支部书记张建为行长的乡风文明行领导小组和由群众代表、党员代表、乡贤组成的执行小组。乡风文明银行活动以户为单位，村民可以通过主动参加村集体活动、团结邻里、助人为乐、孝敬老人、爱护环境等20多项善行义举获得相应加分。由党员、群众代表组成的工作组，负责积分记录、汇总、兑换。文明积分由各片长录入、工作组评议，张贴公示，一月一汇总，一月一公示，一月一兑换。从2018年8月开始，每月一次的文明积分公示成了村里的大喜事和庄科人街头巷尾议论的焦点。庄科村文明积分按月兑换，群众可以在积分公示后自由选择积分兑换额度，到文明银行兑换相应物品。从2018年8月以来，村民先后兑换了价值约2万元的奖品。2018年，庄科村依据文明积分对村里35户星级文明户和出彩人家示范家庭进行了隆重表彰。乡风文明银行活动的开展，为村里精神文明建设打开了一扇窗户，也解决了困扰庄科村已久的美丽乡村难题。通过积分项目、积分标准的靶向引领，原来单纯靠村"两委"单打独斗的村庄环境整治，变成了人人参与的整体提升。在全镇城乡环卫一体化考核中，庄科村脱颖而出。

李家疃村的"婆媳互夸会"始于2004年，至今已经连续开展了15年。自开展乡村文明行动以来，村里高度重视此项工作。每年四月，李家疃村就会召集村里的婆婆媳妇召开座谈会。座谈会上，婆婆、媳妇学习各个地方的孝顺榜样，向他们学习，展现榜样的力量。婆媳互夸会上，婆婆和媳妇分别发言，交流经验，间或表演节目，其乐融融。婆媳互夸会成立伊始，村里大多数的婆婆和媳妇都对此持观望态度，认为自家的家事不好拿出来说。后来，越来越多的村民加入进来，大家在互夸会上畅所欲言，每一期互夸会都能发现许多新的温馨故事。婆媳互夸会开展以来，榜样的力量带动了乡风文明的进步。原来不孝顺的儿媳懂事了，原来的"恶婆婆"变好了。婆媳互夸会拉近了媳妇和婆婆的距离，这样的家庭道德评议对文明村风的形成有良好的推动作用。如今，李家疃村的"婆媳互夸会"已经逐渐成为解甲庄精神文明建设的一个亮丽品牌。

  乡风文明建设是隐性的、长期的、全面的，却又需要可见的、切实的成果，这种建设不是几个阶段、几个项目就可以完成的，它贯穿于农村发展的整个过程，也隐含在农村建设的各个方面。伟大的社会主义新农村建设正在如火如荼地开展，农村地区的政治、经济、文化、法律以及社会事业都发生了翻天覆地的变化，这些变化使得农村和农民们更加渴求道德文明的浸润，保证农村的各项事业发展能够更加和谐、更加顺利、更加蓬勃，同时也能够满足农民群众多层次、多元化的精神需求。因此，持续进行乡风文明的建设对于促进农村地区经济发展、文化传承和社会进步，实现农村物质文明和精神文明的协调发展具有重大意义。

十一、健全文化人才回归制度，为培育文明乡风提供人才支撑

文化人才是培育文明乡风的重要主体。按照习近平总书记一系列讲话的要求，乡村振兴，关键在人。让愿意留在乡村、建设家乡的人留得安心，打造一支强大的乡村振兴人才队伍。因此，完善文化人才回归制度，积极鼓励外出文化人才回归乡村，是营造文明乡风，实现乡村振兴的重要抓手。第一，完善乡村的基础设施建设，提升乡村的社会保障水平，缩小城乡之间的差距，为吸引文化人才留乡发展、实现安家乐业提供根本保障。第二，建立文化人才回归的优惠政策。城乡在公共设施、工作报酬等方面都具有一定差距，为了吸引更多的文化人才留乡工作，对于回归乡村的文化人才，在住房、教育、医疗等方面给予一定的政策倾斜。第三，设立文化人才回归的奖励制度。对于自愿申报回归乡村工作的文化人才，根据各地区乡村经济发展的实际情况，给予一定的奖金奖励；对在乡村工作中具有突出贡献的文化人才进行公开表彰。目前，菏泽地区的文旅部门有针对性地招聘相关专业的本地大学生，进入博物馆、文化馆等文化部门，以乡村的文化振兴为宗旨，分区域服务，带动、提升、普查、挖掘当地被埋没的优秀文化项目和文化人。

十二、完善公共文化服务体系，为培育文明乡风提供体制保障

健全乡村公共文化服务体系，改善家风、民风、乡风，提升乡民的整体素养，是建设文明乡村的重点。《乡村振兴战略规划（2018—2022

年）》中强调，"推动城乡公共文化服务体系融合发展，增加优秀乡村文化产品和服务供给，活跃繁荣农村文化市场，为广大农民提供高质量的精神营养。"因此，积极完善乡村公共文化服务体系，是实现乡村文化振兴的落脚点。

第一，制定多渠道资金投入机制。政府应加强乡村与城市的资源整合，设立乡村公共文化服务建设专项资金，并制定政策鼓励社会力量对乡村公共文化服务提供资金支持。第二，鼓励乡民积极参与乡村公共文化活动。乡村干部需积极向乡民科普乡村公共文化活动，加深乡民对乡村公共文化服务的认识。第三，加强乡村公共文化服务的管理机制。政府应加大对乡村公共文化服务的监督，注重提升乡村公共文化服务的效能；鼓励乡村成立公共文化服务管理小组，对乡村的电子阅览室、农村书屋、农民文化乐园等场所进行日常管理。第四，完善乡村公共文化服务的基础设施建设。根据各地区群众的实际需求丰富乡村公共文化服务的活动场所，及时更新农家书屋、乡村图书馆的书籍、报刊等，利用日益更新的知识，提升乡民的整体素养。

乡风文明建设经典案例之一

山东邹城后八村乡村孝德文化建设案例

邹城市后八村，是"邹鲁圣地"的一个典型村落，是全市第一个"全国文明村"。后八村的乡村治理以村集体经济发展为促进力量，以孝德文化为核心，逐渐形成了"孝行天下，善在心中"的文明乡风，走出了一条经济发展为本、道德建设为根的乡村振兴新路。

一、后八村的社会发展情况

邹城市钢山街道后八村现有居民 2973 户 11000 余人。该村于 2008 年进行了新村建设，全体村民免费入住新型农村社区。2012 年，后八村成立了全市第一个农村党委，并被评为"全国文明村"。

2005 年之前，后八村经济发展滞后，村民生活贫困。2005 年，第八届村"两委"上任后，以"文化兴村、经济强村、以孝治村"为发展理念，以"实现全村共同富裕、提早步入小康生活"为工作目标，带领全村发展成为现在的文明村。近年来，后八村先后荣获"全国文明村""中国美丽乡村""全国民主法治示范村""全国五四红旗团支部""全国妇联基层组织建设示范村""山东省先进基层党组织""山东省敬老文化教育示范基地"等荣誉称号。

2008 年，后八村投资 2 亿元建设了面积达 15 万平方米的后八新村，村中楼房全部进行了简单装修，村里免费为村民赠送常用家电、家具，当年全村免费搬迁入住。后八村利用自身优势，先后成立了房地产开发公司、物业公司、建筑工程公司、商贸公司、文化旅游公司、物流公司、投资公司等七个经济实体。2012年，该村成立了山东鑫琦集团。后来，他们又陆续投资建设了购物广场、农贸大市场、宾馆饭店、文化餐饮一条街、汽车美容配件市场，形成了商业集团，现村集体各业总积累固定资产逾30亿元，安置1000多人上岗就业，村民变股民，逐步走向集团化发展道路。村集体实行股份经济合作社制度，村集体为全体村民和员工配发股份，每户家庭能分配到300多万元的股值，平均每人每年的分红近2万元。村民除每年领取的分红外，每人每年享受的水、电、暖等费用补贴及其他各项福利近2万元。

二、后八村孝德文化内容及其构建

随着经济的长足发展，后八村开始用先进的文化教育村民、陶冶村民。自2006年起，该村每年组织村民轮流外出参观学习，他们曾先后赴韩国、新加坡和北京、上海、广州、江苏、浙江等地参观学习，开阔眼界。

2007年，村里开办了"村民夜校"，提倡"人人上夜校，个个是老师"，全村18—70岁的村民每月轮训一次。通过"村民夜校"的培训活动，村民的文化素养大幅提升。村里成立了"红白理事会""道德帮教组""打歪风、扬正气文艺队"，创办了村报《鑫琦之声》，每个单元口都设置了"后八村丑善评议榜"插图，将村内好人好事、坏人坏事向全体村民公示。村民家家悬挂《宋氏祖训》，户户安装学习小广播。

村里每年都会在全村范围内开展尊老敬老活动。村委会不建养老院，让孩子们和老年人一起居住，让老年人晚年生活温馨和谐、共享天伦之乐。村民把家里向阳的房间提供给老年人居住，每天陪老年人散步，每周给老年人清理床上用品，每月给老年人买新衣服，每年为老年人进行全方位的健康查体……后八村坚持节节有福利，月月搞活动，每月1号为老年人发放奶粉、饼干、蜂蜜、白糖、火腿肠、卫生纸、洗衣粉、香皂、毛巾等价值200元的营养品和生活用品；每月两次免费为辖区老年人理发刮脸，免费洗澡，定期组织老人进行健康查体。年满70周岁的村民和年满60周岁的员工父母每年享受5000元的保健敬老金，生日当天由村委会派专人赠送价值500—1000元的贺礼一份。每逢重阳节，村里都会举办"百叟宴"，并为老人分别发放羽绒被、羽绒服、唐装、冲锋衣、鞋等。近年来，后八村的老人们幸福指数越来越高。

2017年，后八村组建了孝老爱亲微信群，建立了"孝贤档案"，尊老爱亲的氛围日渐浓厚。该村"树正气、除歪风、倡孝道、重教子"，通过正确引导和方法创新，村民转变更新了观念，形成了移风易俗、厚养薄葬的共识，厚养薄葬已然在后八村蔚然成风。在村里白事上，司仪宣读悼词时，对孝顺和不孝顺的子女予以公开评价，让不孝顺的子女在村民中颜面尽失，也给其他村民敲响警钟。

后八村设立了善行义举四德榜，总结挖掘移风易俗先进典型。全村设置"社会主义核心价值观""中国梦"公益广告和移风易俗展板280余块。该村积极开展"书香家庭"等评选活动，村里为每户村民配发书橱，并要求每户村民每年购买30—50本健康向上的书籍，集体发放书款补助，着力提升村民文化素质。村委会同教研组共同搜集村中孝善事例，包含子女孝顺父母的、教育子女成才的、儿媳妇侍奉公婆的、左邻右舍和谐相处的、爱护村庄公共设施的、维护文明村形象的，每季度选取出具有代表性和教育意义的案例不少于20例，装订成册，在全村宣传，孝善事例作为每年全体村民评先树优的依据。为进一步激励广大村民崇德向善、见贤思齐，使广大村民的行为自觉合乎道德规范。村两委（董事会）决定为每位村民建立家庭文明诚信档案。文明诚信档案主要记录热心公益、邻里友善、家庭和睦、遵守公德、积极为村庄发展建言献策等的良好行为，同时也记录有违反计划生育、打架斗殴、占用楼道、乱倒垃圾、与邻里不和等违反村规民约的不良行为。

每到年终时，后八村就会对各类热爱集体、尊老敬老、创业致富等先进模范人物予以隆重表彰、广泛宣传，形成了民风淳厚、重德上进、幸福和谐的美好景象。

后八村每年都会在全市范围内开展贫困大学生、空巢老人和孤残儿童的救助活动，并在节假日慰问因病致贫家庭、留守儿童和孤寡老人。2015 年，村集体出资 1000 万元设立了山东省首家精准扶贫救助基金，吹响了精准扶贫工作的号角。2017 年 9 月，该村为山东省老龄事业发展基金会捐款 300 万元，为市扶贫基金会捐款 60 万元。2018 年，后八村打响了"中华孝善第一村"这一品牌。10 月，后八村又被山东省老龄委授予"山东省敬老文化教育示范基地"的殊荣。

山东邹城后八村的乡村孝德文化为乡村文化振兴和乡风文明建设提供了有益的借鉴。

乡风文明建设经典案例之二

山东邹城唐村乡贤治理模式案例

山东邹城市唐村，地处鲁西平原，耕地面积2.7万亩，社会总人口3.8万人，其中农业总人口2.7万人，是以农业为主的地区。唐村的乡村治理充分利用了当地的传统文化资源，为乡村文化振兴建设提供了宝贵经验。

一、邹城唐村社会发展情况

邹城位于山东省西南部，是中国历史上著名的思想家、教育家孟子的诞生地，现为国家级历史文化名城。唐村镇下辖5个管区，29个行政村，面积为37平方千米。

唐村农业产业结构较为多元化，农作物主要有冬小麦、玉米、花生、棉花、西瓜等。唐村家禽畜牧业发达，全镇已发展存栏1000头的大型养牛场1处，存栏500多只的波尔山羊综合养殖场1处，各类规模较大的养殖场12处，各类规模养殖户近190户。唐村以境内乡镇公路、生产道路为轴线，以世行项目区、苗木花卉示范基地为依托，完成了"六大片""九条线"的经济林建设。全镇苗木花卉、丰产林基地发展到4000余亩，用材林发展到6000余亩，绿色通道建设20多千米，完善林网1万余亩，栽植苗木36万株，林木覆盖率达到30%，计划用2年至3年的时间建成苗木花卉专业镇。

二、唐村乡贤治理模式

近年来,唐村以党建为统领,以传统文化转化发展为切入口,以新乡贤工作为抓手,启动实施了"儒风唐韵"新乡贤文明行动,充实了包括公道乡贤、青年乡贤、巾帼乡贤、小乡贤在内的人员体系。通过聚乡贤传家风、聚乡贤转村风、聚乡贤惠民生、聚乡贤促发展、聚乡贤保平安,统一于聚乡贤强党建和提升群众满意度这一出发点和落脚点,有效增促了乡风文明,融洽了干群关系,完善了村级治理,探索出了一条以党建为统领,以自治为核心、法治为保障、德治为引领,自治、法治、德治相结合的乡村社会治理新模式,为推动乡村振兴提供了有效抓手。

2016年,唐村镇委员会启动了乡贤治理模式的探索,让老干部、老教师、老党员、老模范、经济能人等参与村庄治理,着力培育和发展农村"乡贤理事会",让乡贤在社会治理、公共服务、反哺家乡中发挥积极作用。乡贤主动扛起移风易俗的"大旗",传承乡村文明,引领道德风尚。在婚丧嫁娶中,乡贤以身示范,带头实行婚嫁新办、丧事简办,引导广大群众摒弃红白喜事大操大办,互相攀比、铺张浪费的陋习,树立文明新风,促进社会和谐。乡贤理事会牵头组织编写了村歌、村史、好人好事汇编等,宣扬道德规范,引导人们明辨是非。他们还积极组织民间风俗节庆文化活动,让群众在参与中增进感情,建立和睦、融洽的邻里关系。乡贤德高望重、一言九鼎、办事公道,村里出现重大问题时,由乡贤出面主持正义,化解矛盾,维护村级的社会稳定。同时,该镇下发了《唐村镇移风易俗文明节俭操办红白事操作细则》《红白理事会章程》《唐村镇移风易俗文明节俭操办红白事承诺书》等文件,辅助乡贤治理模式的施行。

2017年,唐村镇又下发了《关于深入推进乡贤工作的通知》,将乡贤工作重点划分如下:其一,外出拜乡贤活动。拜访时,村两委成员着重介绍镇村发展情况,汇报下一步工作思路,询问其在老家有无困难,尽可能地为其提供帮助,可邀请其回家乡参观、座谈等。其二,设立乡贤工作室,为乡

图 3-1　老党员潘玉科为邻居讲解潘家家训(济宁市委宣传部供图)

贤参与村级事务管理提供平台,让乡贤在工作室坐班办公,参与处理村级事务、接待百姓、调节矛盾等。其三,设立乡贤爱心驿站(乡风驿站),定期开展入户走访,收集群众需求,同时整合乡贤、大学生、社会热心人士等力量,开展志愿服务活动。其四,实施乡贤工作考核机制,对乡贤讲堂参会情况进行考勤和综合测评,评选并表彰乡贤工作先进集体及个人,同时完善进入退出机制,及时推荐、邀请有能力、有威望的人成为乡贤。在推进各村乡贤工作的同时,镇委员经研究决定命名第一批村(居)乡贤项目,包括前塘社区、中塘村潘氏家祠维护、潘榛文化挖掘项目,后唐村惠民澡堂项目,马庄村记忆小院项目,牛庄村李家祠堂重建项目,后双村变压器建设项目,王炉村乡贤馆建设项目,秦刘村养生厨房建设项目,孔家河村戏曲小院项目,西颜村如松工作室建设项目,西田村西田泥塑项目,东郭村文化广场项目等共计十一个项目获得命名。

2018年,唐村镇人民政府又将乡贤文化与新时代青少年道德建设相结合,深入挖掘和利用传统文化精髓,持续推动青少年传统文化

教育工作，开展了小乡贤阅读工程、"传统文化进校园，我要争做小乡贤"征文比赛等一系列学习教育活动。在此基础上，该镇将潘氏祠堂、潘榛图书馆、邹鲁乡贤馆、西田泥塑馆、王炉乡贤馆、孔家河戏曲小院、马庄记忆小院、秦刘开心菜园八个传统文化教育点命名为第一批小乡贤成长基地。同时，他们号召全镇广大干部群众支持关心青少年思想道德教育，赋予新乡贤工作新的时代气息，营造青少年崇德向善的良好风尚。同年，唐村镇在全镇范围内开展了青年新乡贤推选活动，在村务公开栏开辟了"新乡贤回音窗"，广泛收集群众意见建议，每周对群众诉求进行汇总，及时给出回应。

如今，唐村的新乡贤工作机制已经基本成型，人员体系包括公道乡贤、巾帼乡贤、青年乡贤和小乡贤，推行了"乡贤恳谈"制度：新乡贤与群众日常谈，村干部与新乡贤月恳谈、社区与新乡贤双月谈，镇党委与新乡贤季度谈，重要事项及时谈。在这种工作状态下，唐村

图 3-2 唐村镇举办传承好家风朗读会（济宁市委宣传部供图）

镇已经累计开设新乡贤讲堂二十三场，内容涵盖惠民政策、法律法规、传统文化等，并授牌成立中国孔子研究院研究基地、中国孟子研究院国学传播基地，自主成立了邹城市乡贤文化研究会，被中国民协命名为中国乡贤文化研究与传播基地。

唐村镇启动实施的新乡贤文化治理模式，发挥了德治引领作用，弘扬了文明风尚，维护了公平正义，提升了自治能力，激发了村级活力，是用传统文化推动乡村善治、构建乡村生活共同体、启动农村发展动力的有效途径。

山东邹城唐村在乡贤治理模式方面的尝试，为乡村文化振兴和乡风文明建设提供了有益的借鉴，它是基层党组织与传统村落组织维系的有机结合，既适应现代乡村振兴的特点，又延续了旧时乡村组织的功能。

图 3-3　中唐村端午节敬老幸福餐（济宁市委宣传部供图）

乡风文明建设经典案例之三

山东青州南小王村乡风文明建设案例

山东青州南小王村，原本是一个以粮食种植为主的偏远农业小村庄。在进行土地流转后，该村成为以合作发展促进乡风文明的典型村落，为乡村文化振兴建设提供了可以借鉴的宝贵经验。

图 3-4　南小王村（潍坊市委宣传部供图）

一、青州南小王村的历史与社会发展状况

2008 年以前，南小王村有 309 人，638 亩地，土地由村民自主种植，以种小麦、玉米等单一粮食作物为主。为了追求更好的生活，村里的青壮年几乎都外出打工。只是到了农忙时节，外出打工的人才会回家帮助农耕。因此，土地抛荒、农村空心化的现象严重。

2008年,南小王村"两委"借助靠近寿光的区位优势发展大棚蔬菜产业。村委会以每年每亩400公斤小麦的价格从村民手中流转回土地。2008年9月,山东省第一个土地流转合作社——晟丰土地流转合作社晟丰土地股份专业合作社正式成立,全村105户农民都自愿签订了土地经营流转协议书,508亩土地流转给合作社统一经营。村委会用流转的土地建大棚、种蔬菜,每年给村民保底收入加分红,村民以土地入股成为股东,坐收分红。2013年12月13日,南小王村又与中信信托签订了合作协议,开展土地承包经营权集合信托项目合作,是山东省土地流转信托第一单。信托的介入,为合作社的进一步发展壮大带来了资金和技术的支持,扩大了品牌效应,促进了农业链条的延伸和效益的增长,更好地保护了农民利益。

在村"两委"的有力带动下,合作社规模逐步扩大,流转了周边耿家里双村、北牛家村、北大王村等村庄的土地。2017年,该村年集体收入达到100万元,农民人均纯收入2.9万元,先后荣获山东省文明村、潍坊市新农村建设带头村等称号,并成为国家级"农村土地经营权入股发展农业产业化经营试点"。到2018年底,合作社成员达380户,周边4个村的土地入股共计3100亩,资产达2263万元。

如今,南小王村在现有的"村社共建"基础上进一步探索发展途径:一是发展绿色有机农业,调整种植结构,利用土地集中连片的优势,大力发展有机果蔬种植等生态农业。合作社投资建设新型"四位一体"蔬菜大棚12个,配套建设育苗一体化温室2处、沼气池8个、有机肥发酵厂1处,避免作物受化肥农药污染,形成良性循环。二是建设农业田园综合体,充分利用合作社品牌效应,加大对外招商引资力度,建设现代农业田园综合体。该村新引进总投资4.5亿元的天禄农业综合开发项目,综合开发土地1万亩,建设了高温蔬菜大棚、育种育苗基地、观光休闲农业园区，配套建设蔬菜交易中心、配送中心、恒温库、加工车间，打造现代农业示范基地。目前，已建成高温大棚7000亩，育种育苗1000亩，观光休闲农业区1450亩，特色养殖260亩，蔬菜加工及交易大厅300亩。三是大力发展第三产业，规划建设40多座沿街商居楼房，发展物流、餐饮、零售等第三产业，打造南小王村商贸区，在满足本村及周边服务需求的同时，与河南商丘市虞城县黄冢乡等地联系组织跨区域作业，持续增加合作社和社员收入。

二、南小王村以孝为核心的乡风文明建设

在村"两委"的带领下，南小王村居民生活水平已经大幅度的提升，衣食住行等基本生活已经不成问题，但是村民的精神文化需求还没有得到充分的满足。如今，村"两委"干部又在认真学习乡村治理、乡风文明建设的相关理论，从南小王村的实际情况出发，加强村庄的文化建设，以村民为主体，制定了村规民约，乡贤参事会、党校也逐渐建立起来，敬老、养老蔚然成风。

近年来，随着人口老龄化和家庭养老功能的弱化，老人空巢化的趋势日益加剧，村民的养老服务需求越来越迫切。南小王村60岁以上的老人有67位，65岁以上的老人有45位，占全村总人口的三分之一。为此，南小王村制定了养老设施建设规划。2013年，南小王村建设了28套幸福院，每套面积50平方米，并带35平方米小院，公寓内生活用品配套齐全，村内65岁以上的老人，只带碗筷和个人衣物便可免费入住，水电暖餐等全部免费使用。2014年起，全村共有45位老人入住。同时，村集体出资为老人购买了银龄安康意外伤害保险，按计划完善了社区卫生室配套设施，定期为老人免费体检，使"老有

图 3-5 南小王村义诊现场（潍坊市委宣传部供图）

所医"。村里为老人的房间统一安装了呼叫器，呼叫中心就设在幸福院医务室，老人有什么需求，只需要按呼叫器，医务人员便会随叫随到。此外，为解决老人休闲娱乐问题，村里还专门在幸福院前建起了休闲广场，安装了健身、娱乐器材，供老人休闲娱乐使用。村里定期请专家为老年人举办健康养生讲座，帮助他们养成良好的卫生、生活习惯。村内成立了"孝老敬亲"监督小组，督促子女按时为老人晾晒被褥、打扫卫生、照顾老人起居，并根据孝老情况评选"星级公寓"，对老人和子女进行表彰奖励。对于没有子女的老人，村里正在成立由村民和志愿者组成的爱心团队，进行专门照顾。

近年来，南小王村开始实施"孝德"工程。围绕以孝治村，该村大力开展"孝德"文化建设，鼓励群众孝老敬亲。从 2018 年 4 月开始，该村为村里 18 位 75 岁以上的老人免费提供一日三餐。村里每年出资 1 万元，举办"好媳妇""好婆婆""文明家庭"等评选活动，对评选出的优秀代表进行表彰奖励。该村投资 17 万元建设了孝德舞台,每年组织各类孝德文艺演出15场;投资10万元,在居民新区订制安装了孝德文化楼牌、楼层牌、单元牌、门牌等标识牌,在老年公寓及村内显著位置院墙,绘制二十四孝图、新二十四孝标准、孝老敬亲村规民约等孝德教育版画,在全村营造了浓厚的敬老、孝老、爱老氛围。

作为山东省"孝文化教育基地",南小王村新型家庭养老模式的探索与尝试,适应了当前的农村形势:一方面,老人离家不离村,解决了去养老院面子上挂不住的问题;另一方面,他们居住的依然是平房院落,周围都是同村的邻居,充满了情感,成为农村养老的典型模式之一。

山东青州南小王村的"孝德工程"建设为乡村文化振兴和乡风文明建设提供了有益的借鉴,是在"村社共建"基础之上,从完善农村社会保障体系(尤其是养老保障)的方面着手乡村文明建设的有效探索。

图 3-6 南小王村以孝治村公益广告(潍坊市委宣传部供图)

乡风文明建设经典案例之四

山东临沂常山庄村红色文化典型案例

常山庄村，位于沂南县县城西部，曾是沂蒙山革命根据地中心，有着丰富的革命史迹，红色文化内涵极为丰富。近年来，该村走出了一条以红色文化为主题、影视基地为载体的乡村文化振兴新路，成为以沂蒙精神促进乡风文明的典型村落。

一、山东临沂常山庄村的历史与社会背景

沂南县马牧池乡常山庄村共有 453 户 1356 人，始建于明洪武年间。旧时，常山庄是沂蒙山革命根据地中心，是抗日战争时期山东党政军机关领导山东省开展抗战活动的中心区域，有着丰富的革命史迹。徐向前、罗荣桓、陈毅、粟裕等老一辈无产阶级革命家都在这里战斗和工作过。常山庄周围还有许多革命遗迹、遗址，如：红嫂故居、"小车队长"李家才故居、"沂蒙母亲"王换于故居、山东省战邮会旧址、谷牧负伤处、"火线桥"旧址、战时总医院、战时兵工厂、战时托儿所、战时北海银行、大众报社印刷厂、抗大一分校等旧址。在战争年代，以常山庄村为代表的沂蒙山区是典型的红嫂之乡，叫得出名字的红嫂就有 120 多名。其中，最具典型代表意义的是用乳汁救伤员的"红嫂"明德英。明德英救护八路军战士的情节，后被写入小说《红嫂》，编入京剧《红云岗》、舞剧《沂蒙颂》。

虽然拥有深厚的红色文化根源，但是常山庄村集体收入薄弱，无

力进行旅游开发。2007年，电视剧《沂蒙》在常山庄村拍摄并在全国热播，给这里带来了千载难逢的机遇，县委县政府决定以此为契机，建设以沂蒙红色影视基地为主要载体的"沂蒙红嫂文化旅游产业园"，发展红色旅游。2008年10月，县委、县政府提出由全县经济发展排头兵的南村社区与常山庄村结成帮扶对子，到常山庄村开发建设，做企业精准扶贫的样板。从2009年开始，广汇集团陆续投资5.4亿元，立足"红色"古村风貌和"绿色"山乡生态，建成了总占地面积3000余亩，由"古山村"、"古县城——沂州城"、"爱国主义教育基地"、"山乡梦影视服务中心"、"沂蒙红色写生基地"、古辕道具有限公司六部分组成的沂蒙红色影视基地。

如今，昔日没有路、没有水的常山庄村已变成集影视拍摄、红色文化体验、党性教育等多功能于一体的旅游胜地，可同时接待1200人食宿、每日可接待游客2万人，承担5部影视剧同时拍摄。至今，常山古村已先后拍摄了《沂蒙》《红高粱》《铁道飞虎》等160多部影视剧，成了远近闻名的"山村好莱坞"、全国著名的红色影视拍摄基地和美术院校写生基地。

影视基地安置当地农民就业210人，就业率提高了40%。同时，影视基地的建设推动了相关文化产业的发展，周边村民搞起了餐饮以及农副产品销售，目前已发展有"农家乐"、特色农业、手工艺品制作、土特产生产销售等300多家个体企业，2000多名周边村民常年从事群众演员、剧组用工、景区建设等工作，每天人均收入近百元。村民自家生产的蔬菜、瓜果等都就地转化成旅游消费品，农民的经济收入也比原来翻了好几番。无劳动能力的贫困户把荒芜贫瘠的山地流转给景区，获得每亩每年1000多元的稳定收入。常山庄村村民人均收入由2009年的5600元提高到2015年的30000多元。

红色旅游的发展带给常山庄村民的不仅是收入的增加更是生活条件的根本改善。自 2009 年起县里先后投资 4000 余万元修建了 17 千米的沂蒙生态大道，投资 8000 万元修了 25 千米的红色旅游专线。2013 年又重修 336 省道，并开通了往返于县城和常山庄村的专线公交，为旅游发展和当地村民的出行带来极大的便利。

二、常山庄村以红色文化为核心的乡风文明建设

乡风文明建设是乡村振兴的核心和灵魂，而红色文化是乡风文明形成和发展的文化之源。红色文化可以强化党对乡风文明建设的领导，

图 3-7　临沂市常山庄村红色影视基地之一（临沂市文广新局供图）

为乡风文明的建设提供引导作用，并成为其重要的经济来源支撑。红色文化不仅是极其宝贵的精神财富与文化资源，红色文化及其产业化，兼具产业与文化两大功能，直接关联着乡村经济和文化振兴。合理且深入挖掘红色文化的经济功能，大力发展红色文化产业，不仅能够产生可观的经济效益，从而回馈乡风文明建设，为完善乡风文明建设的基础设施、丰富农民群众精神文化生活提供了稳定的经济保障，而且为乡风文明建设搭建起了新的载体、提供了新的阵地。

常山古村作为沂蒙红色影视基地的核心区域，周围青山连绵、绿水环绕、果树与农田相互交织，较为完整地保留了原真的沂蒙山乡古村风貌。如今村内保留着大戏台、东家院、李家院、斗牛院等诸多拍

图 3-8 临沂市常山庄村红色影视基地之二（临沂市文广新局供图）

摄场景，成为古村的最大看点。而以农家院落为馆室的《中国红嫂革命纪念馆》《跟着共产党走纪念馆》《人民子弟兵将帅纪念馆》，被确定为"党员领导干部党性教育基地"，为齐鲁传统文化增加了厚重的红色文化底蕴。

2015年12月26日，"2015中国十大最美乡村"在临沂揭晓，山东常山庄村等10个乡村获得由农业部、环保部、广电总局等部门联合推荐的最美乡村殊荣。目前沂蒙红色影视基地正借助各类影视剧播出的影响力，立足于打造"山东抗日根据地中心"和中国的"乡村好莱坞"，计划将这里建成融影视拍摄、休闲、创作和爱国主义教育为一体的综合性旅游项目。而这种红色文化产业具有无可比拟的教育宣传功能，能充分引导群众树立正确的世界观、人生观和价值观，对乡风文明建设具有内在聚合的功能，宣传社会主义核心价值观，促进乡风文明提升。

山东临沂常山庄村本身所积累和传承下来的红色文化与乡风文明有着更为紧密的联系，从而为乡村文化振兴和乡风文明建设提供了有益的借鉴。常山庄村在充分挖掘当地沂蒙精神的基础之上，将文化旅游与乡村文明建设结合起来，不仅本身成为精神文明建设的典型，同时也在宣传社会主义核心价值观上起到了重要的作用。

图 3-9　临沂市常山庄村红色影视基地之三（临沂市文广新局供图）

图 3-10　临沂市常山庄村红色影视基地之四（临沂市文广新局供图）

第四章 乡村文化产业振兴"齐鲁样板"研究

2019年1月至10月，课题组根据山东省文化产业的发展现状，选定了曲阜市林前社区、邹城市上九山村、日照市莒县陵阳街村、即墨市移风店镇大欧村、青岛市崂山区王哥庄街道、威海市文登区张家产镇口子李村、荣成东楮岛村、潍坊市坊子区王家庄子村、滨州市惠民县麻店镇、济南市章丘区双山街道三涧溪村等十个典型村镇，对其文化产业发展情况进行了深入调研。通过调研，可以发现，山东省乡村文化产业发展普遍面临着产业缺乏互联、创新型人才资源短缺、品牌意识淡薄、产业布局不合理、营销方式单一等问题。针对这些问题，本研究拟提出关于山东省乡村文化产业振兴的九个方面的发展对策。

一、产业发展路径

（一）加强产业互联，打造产业集群

产业集群发展具有集聚资源、打造品牌等多重竞争优势。我们应当根据各地目前各大产业各自为政，独立发展的现状，以政府为主导，以本地区优势资源禀赋为基础，因地制宜地打造、发展适合本区域的产业集群，带动社区相关产业业态发展，增强产业的经济综合实力和核心竞争力。如，林前社区印章产业在目前以网络销售为主的基础上，可结合社区紧邻三孔景区的历史资源禀赋，与旅游业、国学教育相结合，发展体验式研学游。而研学游所用到的服装、除印章外其他国学学习用品、用餐、住宿等，可同时联合服装加工、文玩零售、住宿、餐饮等产业共同参与，打造适合围绕印章产业发展的产业集群。

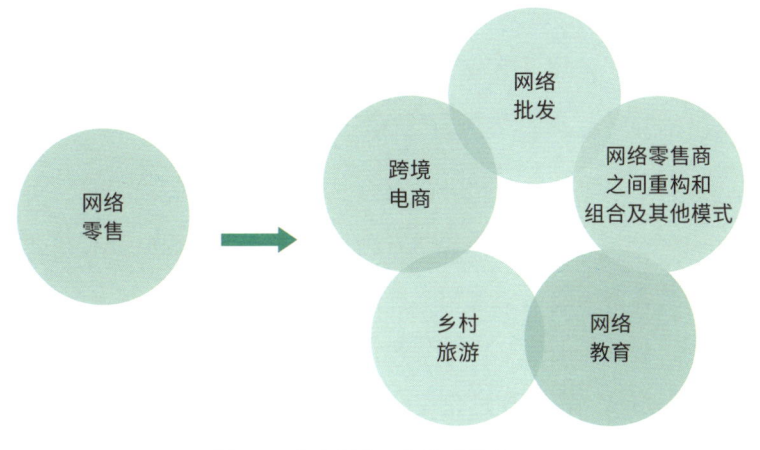

图 4-1　淘宝村多元化发展模式

（二）依托文化旅游资源，促进产业融合发展

王哥庄街道地处崂山风景区东部，具有较多的旅游资源，王哥庄街道下属的何家村等地区都在崂山风景区的旅游路线上，如何将旅游人群转化为馒头产业消费群体？如何将王哥庄馒头产业与文化旅游业充分结合？成为王哥庄产业融合发展的主要思考问题。

王哥庄在何家村建设了"王哥庄大馒头一条街"，未来可以在特色产业街道的基础上，以特色产业小镇的形式打造"大馒头产业基地"，向消费者和游客展示大馒头的生产加工过程，让消费者能够亲身体验大馒头的制作，对馒头进行艺术加工处理和创意设计。

图 4-2　体验馒头的制作（课题组供图） 　　图 4-3　王哥庄大馒头面艺作品（课题组供图）

馒头产业与旅游产业的融合点在于文化内涵的挖掘。以青岛久香园食品有限公司为例，现阶段正在建设大馒头主题的民宿与体验馆，旨在将旅游体验与馒头工艺相结合，民宿装饰也使用了与馒头制作息息相关的"馒头卡子""灶台"等元素，主题民宿既可以接待崂山风景区的旅游群体，同时通过文化介入的手段带动馒头产业消费，久香园馒头文化主题民宿预计在明年开业运营。

图 4-4、5、6 建设当中的馒头主题民宿

崂山地区的旅游业发展将消费人群聚集到该地区，扩大了王哥庄馒头的消费群体和消费渠道。王哥庄馒头文化活动的举办、体验项目的开发，也丰富了该地区的旅游内容，为游客带来了多样的文化体验与休闲方式。

（三）注重文化项目开发，激发产业间同频共振

农村特色文化产业的生命力在于深入挖掘、不断创新，依托本地资源优势和产业特色，努力探索"特色文化＋制造业""特色文化＋旅游业""特色文化＋展览业""特色文化＋体育业"等农村文化产业发展新模式。

以王家庄子为例，在风筝产业与旅游业的结合方面，可以借鉴西班牙场景营造式的乡村旅游业发展模式，紧抓周末和假日经济，开发

以新兴休闲旅游业为主的"闲暇文化"项目,加强产业间的融合,发展农村观光业、特色餐饮业、农家乐等形式的文化创意产业项目,促进农村地区的生态和文化资源的深度开发和产业结构调整。例如开展"风筝嘉年华"活动,开展风筝制作体验、插图选择文件夹潍坊风筝(中国民艺馆供图)传统风筝的展示和销售等活动并提供休闲旅游服务,吸引城镇居民积极参与,在城乡互动过程中提高风筝产品和地区

图 4-7、8、9 风筝西班牙场景营造式的乡村旅游业

知名度,推动品牌建设,促进王家庄子村文化创意产业的良性发展。

在风筝产业与体育业的结合方面,风筝在竞赛中的应用十分广泛,例如专业运动风筝、冲浪风筝、特技风筝等。现在运动风筝已经是国内风筝赛事中必不可少的项目之一。风筝冲浪被视为当今世界的"海上芭蕾"。该运动结合了水上滑板和空中风筝的娱乐性,开始受到越来越多的人喜爱。潍坊滨海是我国较早开展风筝冲浪运动的地区之一,

图 4-10、11 运动风筝和冲浪风筝的兴起

2009年8月，国内首个风筝冲浪国际赛事——潍坊滨海风筝冲浪国际邀请赛在潍坊正式举办。目前，潍坊的风筝冲浪国际赛事已连续举办多年，包括风筝冲浪国际大满贯赛、风筝冲浪世界锦标赛等世界最高水平的赛事都先后落地滨海。

依靠潍坊海上风筝的发展优势，王家庄子村的风筝产业应当进行技术攻关和产品开发，对接这一高端消费市场，在销售供给的压力下发展完善风筝品类。同时，积极宣传放风筝这种运动方式，提倡健康生活理念，拉动健身、训练等体育形式的市场需求。

二、人才发展路径

（一）加强创新型人才培育，开发多渠道人才引入模式

通过人才储备与流动情况评分对比可以看出，人才问题不仅仅是王哥庄街道这一个地区的问题，上九山村、陵阳街村、东褚岛村，甚

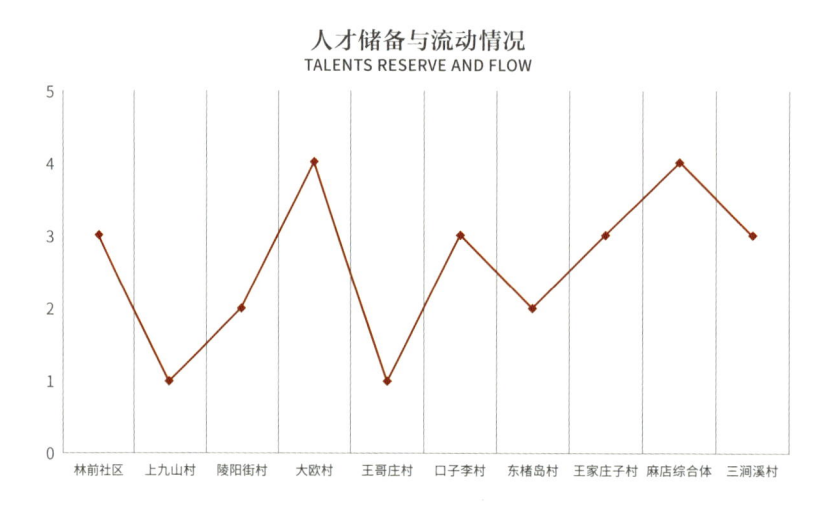

图 4-12 调研目标"产业发展现状——人才储备与流动情况"评分对比图
（山东工艺美术学院设计策略研究中心供图）

至处于较高分数的大欧村、王家庄子村，都在高素质人才储备方面有很大的问题。如何提高人才吸引力，如何多渠道利用专业领域人才资源，如何解决本地区人才外流问题等等，成为乡村特色文化产业发展的重要课题。

城市与农村的经济、文化的较大差异，使得乡村在人才吸引方面劣势巨大。在调研中可以看出，即使乡村企业提供与城市企业同等的薪金待遇，青年群体依然会因为生活环境、职业前景等问题选择位于城市的企业。对于在人才方面的城乡差异，我们应开发多渠道人才引进模式，其中包括专业顾问模式和校企合作模式。

人才的使用不能局限于空间的限制，对于文化产业、设计创意、企业管理等专业领域的高素质人才，可以采取专业顾问聘请的形式，为当地特色文化产业发展提供多领域的专业指导。这种模式不仅打破了空间限制，为更多高素质人才提供异地办公的便利，而且灵活的办公时间与空间，提高了人才引进的范围和效率。从当地产业发展的角度来看，专业顾问的模式能够对产业发展问题具体处理，以问题为导向寻找专业对口的人才。由于工作环境和时间的灵活度与自由度，人才储备量更易增加，人才流动活力得到增强，人才雇佣成本大幅降低。

校企合作模式也是乡村人才问题的解决方案之一，相应方向的高等院校在文化产业、创意设计、科学技术、企业运营等领域，具备较强的研究能力与实践能力，能够补足乡村特色文化产业的发展短板。从另一个角度看，乡村特色产业发展是学校实践教学的重要教学内容和教学课题，学校可以通过乡村企业的发展问题和人才反馈，结合市场导向，有针对性地培养实践型人才。校企合作模式的应用，使学校与企业间信息与资源共享，一方面，为乡村特色文化产业发展提供了强大的人才推动力；另一方面，学校利用企业的生产资源提高了学术实践能力。这让学校和企业在生产资源、技术研发等方面实现优势互补，形成农村与高校的"双赢"局面。

图4-13　鄄城县大位庄金银花种植产业与山东工艺美术学院的校企合作项目

（二）内外兼顾，加强人才队伍建设

很多乡村企业目前设计研发及品牌意识薄弱，且面临技艺传承的危机，归根到底是人才缺乏的问题。可以从内外两个层面加强人才队伍的建设。内部，企业应当继续建立健全人才培养制度及人才引进制度，确保产业发展人才队伍的稳定性；外部，积极引进高校毕业生，并鼓励外出读书大学生、外出务工青壮年等回乡创业。此外，以政府为引导，以企业为主体，以产业需求为出发点，建立社区居民人才振兴孵化载体，主要针对电商技术推广、培训，新型职业农民技能培训，创新创业培训的重要平台，打造服务人才振兴的新载体和新模式。建立"政产学研用"平台，鼓励企业与高校、科研机构、知名设计企业

等签署战略合作协议，或建立实习实训基地，在引进人才和人才培训、建设运营方面进行全面合作。以政府为引导，多家企业合作成立人才服务公司，根据年龄、学历、职业等对人才分类，由人才选岗认岗，同时为人才创业发展提供有效的政策及资金扶持，形成企业与人才、政府与人才、企业与企业之间关于人才的多项互动与流通。

（三）积极培育人才，形成产业人才优势

政府应搭建平台，促进学术和技术的交流，鼓励村民走出去积极参加各种学术会议、行业技能大赛、产品展览会以及各种重要的培训班，通过学习和交流，更新观念；要建立多元化的培训机制，加强内部培训。可以分层次采取多种灵活方式进行创意设计人才培训、管理人员培训、专业技术人员培训、一般员工培训，不断提高从业人员素质；充分利用高校等优势资源进行文化产业人才的集中培养，为文化产业发展储备后备力量，努力培养和造就高层次、创新型文化领军人才，建立文化产业高端专家人才队伍。

要重视和推动城市优秀文化人才下乡，通过公开招聘、考核等方式引进农村文化事业管理人才；通过完善中长期政策，积极引导城市文化人才向农村有序转移。建立完善农村人才激励机制，注重发挥经济利益和社会荣誉的双重激励作用，建设"乡村优秀文化人才"的选拔管理机制，对做出突出贡献的人才实施重奖，充分发挥他们的示范带动作用。重视从高素质企业运营者、传统工艺传承人中选拔村干部，并积极探索以知识产权、无形资产、技术要素和管理要素参与收益分配的模式。

三、乡村特色文化产业"点"的修补路径

（一）创新特色产品，实行特色化经营、抱团式发展

农产品加工产品要保持自身"特色"，保持其稀缺性。特色农产品最大的市场竞争力源于自身的特色，所以其加工产品除了保持产品本身的特色，还要在产品功能上增加特色。其加工后的产品要偏向大众市场，让消费者了解和接触，用特色农产品开发出更多的大众品类产品。

要打造具有地方特色的旅游产品。"一方水土养一方人"，只有极具当地风土人情的特色产品，方可具备占据乡村旅游市场一席之地的先天优势。所以在乡村旅游产品的开发过程中，应注重旅游地独有的风俗人情、农家菜等本地化、乡土化元素，产品营销采用新思路、新方法，提高旅游产品的质量和水平。

同时，旅游产品要满足游客的多样化消费需求，以优质特色的产品获得游客的青睐，提高游客的满意度和重游率。因此，在旅游产品的开发过程中，应提前做好市场调研，真正了解游客的消费需求，增强销售产品的特色和吸引力，真正实现旅游产品的差异化、娱乐化、人性化和情感化，注重产品的品牌，提升旅游产品的市场竞争力。

例如，目前上九山村农家乐发展水平不高，农家乐经营没有乡土特色，经营项目比较单一，各个农户经营的农家乐菜品同质化严重，在卫生和服务质量上都处于较低层次，农户的服务意识和水平有待进一步的提升。传统的小规模的农家乐发展模式已经不能满足游客多样化的旅行和就餐体验，未来上九山村的农家乐发展应该坚持特色化经营，形成本地区的特色品牌。农户应主动联合，组成乡村农家乐合作社，实行统一的标准、接待和对外营销等，促进农家乐规模化和有序

化发展。通过规模化的运营和发展，更好地提升本地区农家乐的整体竞争力。

（二）提高农业生产科技含量

要发展农业科技，以科技作为支撑，以文化创意作为指导，通过科技研发，不断创新农业产品生产方式，加快推进不同产业融合发展的机制，进一步挖掘农业潜能，把文化、科技、产业、市场和生态有机结合起来，创新农业生态链，扩展新的发展空间。

（三）建立生态保护机制，提升可持续发展能力

环境保护是乡村旅游业发展过程中不容忽视的关键，上九山村在旅游开发中虽遵循"修旧如旧"的原则，但后期游客参与也带来了生态环境破坏的困扰。政府应坚持"保护第一，开发第二"的原则，因地制宜、合理规划、科学布局，合理开发利用不可再生资源，避免对环境造成不可逆的污染和损害，开辟一条可循环、可持续的绿色乡村旅游发展之路。例如，尽量保存乡村现有建筑，保留其原有风格，适度改建，就地取材，并及时清理回收建筑垃圾；利用绿色可再生能源替代煤炭、石油等传统能源，节约用水、合理用电，加强乡村旅游从业人员的环保意识，生产绿色食品，构建绿色交通，营造绿色环境。

（四）拓宽农村文化产业融资渠道

资金问题是当前发展乡村特色文化产业的一大难题。拓宽融资渠道，需要政府完善文化经济政策，加大资金扶持力度；降低社会资本进入门槛，建立多层次文化产品和要素市场。可借鉴英国等国的做法，鼓励社会捐赠，发展农村特色文化产业，调动各方面的积极性，发挥

图 4-14　调研邹城市石墙镇上九山村之一（课题组供图）

图 4-15　调研邹城市石墙镇上九山村之二（课题组供图）

图 4-16　调研邹城市石墙镇上九山村之三（课题组供图）

PPP模式的最大效应，鼓励金融资本、社会资本、文化资源相结合，支持各种形式小微文化企业发展，促进投融资方式多元化，逐步形成完善的企事业单位运转高效、灵活、创新能力强的体制机制。

四、乡村特色文化产业"线"的链接路径

（一）建立文化资源调研评估机制

要建立完善的农村文化资源调研机制，摸清本区域文化资源基本情况，对这些资源进行归类汇总，经过评估后具有开发潜能的文化资源将成为文化资本。通过调研评估，可以分析出农村文化资源的各种价值及其功能、带来经济效益和社会效益，为文化市场评估、产业规划布局、产业决策制定提供最基础最原始的素材，改善农村文化产业的小、散、乱局面，对开拓新市场提供支持和帮助。

（二）加大宣传力度，促进品牌营销

要通过科学定位、深度策划，拓宽创新营销渠道和手段，推动旅游营销，充分利用互联网等各种营销渠道，提高乡村旅游产品的市场竞争力，启动旅游相关主题营销活动。加强与周边景点的合作，发挥各自优势，共同打造"旅游经济圈"。

以上九山村为例，可以根据上九山旅游的特点，设计编排乡村旅游安排计划，大力开拓省内周边市场。通过策划并举办乡村旅游展览会、渔民节、民俗节等形式各异的能够起到市场宣传促销作用的活动，采取有计划、有步骤地开发旅游产品和旅游地的宣传和市场促销，进一步提高上九山旅游业的吸引力和知名度。

（三）打造产业核心 IP，增强品牌意识

IP 的核心力量在于，作为一种无形资产，悄无声息地衍生到其他领域，经过多次的重新创作，从一个 IP 发展成一个 IP 体系，从一个品牌发展成一个品牌集群，从而为产业的融合发展、创新发展，带来更高的附加值，实现经济利益的多渠道变现。如，Hello Kitty、迪士尼的米老鼠、哈利波特等。据了解，Hello Kitty 以约 800 亿元的总收入被列入"全球最赚钱的 50 个 IP"的第二位，仅次于精灵宝可梦。以林前社区为例，林前社区可依托高资源禀赋的三孔文化，将其与印章产业相关联，可以讲述一个精彩的故事，亦可以塑造一个抽象的形象或打造独特的视觉符号，以孔府印阁庞大的消费者群体为粉丝培养对象，塑造产业的核心 IP，使之嵌入印章产业链条发展的各个环节，提高产业发展的核心竞争力。

（四）跨区域品牌授权，打破地域限制

崂山王哥庄大馒头的品牌效应具有极大的价值，利用品牌价值可以拓展新的收入渠道。网络平台上的品牌侵权问题，以及外地学徒专程到王哥庄学习馒头制作技艺的现象，恰恰反映出王哥庄大馒头的品牌价值。据味香美大馒头店店主姜桂香介绍，每年平均有来自于全国的 20 余位学徒来她的店铺学习馒头制作。每位学徒需缴纳学费 3000 元，学习周期为三个月，后期还会安排视频和电话培训。就目前来看，学徒人数逐年上升，学徒来自东北、河南等全国各地。这就说明了大馒头在全国其他地区都有消费人群，但受限于产品存储、运输成本等因素而无法跨地域发展。

王哥庄馒头产业可以借鉴青岛啤酒的建厂经验，在外地建设馒头加工工厂，或对满足生产条件且有合作意向的食品加工厂进行授权生

图 4-17 潍坊市王家庄子风筝骨架（课题组供图）　　图 4-18 潍坊市王家庄子风筝（课题组供图）

产。外地建厂与授权生产可以打破地区限制，扩张消费市场，扩大产业发展规模。

在品牌授权与外地建厂的过程中，需要注意传统制作工艺的完整性，通过监管机制与生产标准杜绝"偷工减料"现象的出现；馒头的原材料需要严格管理，运送崂山水制作馒头，保持产品的口感和味道；对各地产品统一定价，防止内部恶性竞争。

（五）借助现代资源要素，合力打造地区品牌

各地可以以地区特色文化为核心，展开文化品牌内容构建。例如，王家庄子村具有较强的行业影响力，依靠地区影响力，结合村内生态、业态、形态的优势元素，把握地域文化发展规律，制定出适合王家庄子村风筝产业发展的文化传播策略，从而在文化品牌传播中展现该村的历史文化传承和现代产业发展。

以创意与科技因素为亮点，突出品牌专业性。积极探索并开发当前兴起的冲浪风筝、竞技风筝、科学测量风筝，在产品中注入高技术、高设计的附加价值，扭转市场对于王家庄子初级产品的刻板印象，树立该村科技融合、设计融合的品牌形象。

以新媒体为借力点，优化乡村文化品牌传播效率。随着新媒体技术的不断发展，新媒体传播凭借其交互性、共享性、即时性等诸多特

点日益改变和重塑着社会生活的结构，使得微博、微信、APP 软件、贴吧论坛等新媒体平台逐渐成为人们获取信息和对外交流的主要方式。乡村文化品牌可以借助新媒体渠道与技术的传播优势，扩大乡村文化的传播范围，优化乡村文化及其文化品牌的传播效果。

（六）创新营销模式，选择多样化销售方式

在"互联网+"的推动下，利用线上销售与线下销售相结合的道路进行销售，拓宽销售渠道，提高知名度。线下销售方式有特色批发市场、专卖店、农超对接、田间地头销售、会展招商、事件营销；线上销售方面有网店营销、预售（订单）方式、利用微信、微博等社交圈进行营销等。陵阳街桂花要创新营销手段，发展网络营销。通过建立网店途径，网店应实行专营服务，建立真正以桂花为主体的网络店铺。店铺除了陈列各种产品外，还要充分利用网络媒体的多元性，利用其观赏功能，挖掘其背后的价值和意义，进而激发购买欲望，并利用网络交易平台跨越时空性的特点，满足世界各地的消费者的需求。

五、乡村特色文化产业"面"的延伸路径

（一）优化产业布局，统筹制定产业发展规划

推动乡村旅游业的发展，要优化产业的布局，避免民俗资源、文化资源的破坏，避免村内民宿及农家乐的同质化竞争和恶性竞争。乡村应按照实际情况需要，对产业布局进行规划和拓展，赋权于村民，让村民积极投入到产业发展建设中来，由旅游辐射带动各产业结构升级。要做好乡村特色文化产业的综合规划和具体项目的策划，从战略角度去引导和规划本地区农业资源、文化资源的开发与利用，突破村

庄碎而小的布局短板，形成良好的产业布局，利于产业集聚。

（二）通过文化挖掘、创意设计介入，推进一二三产业融合

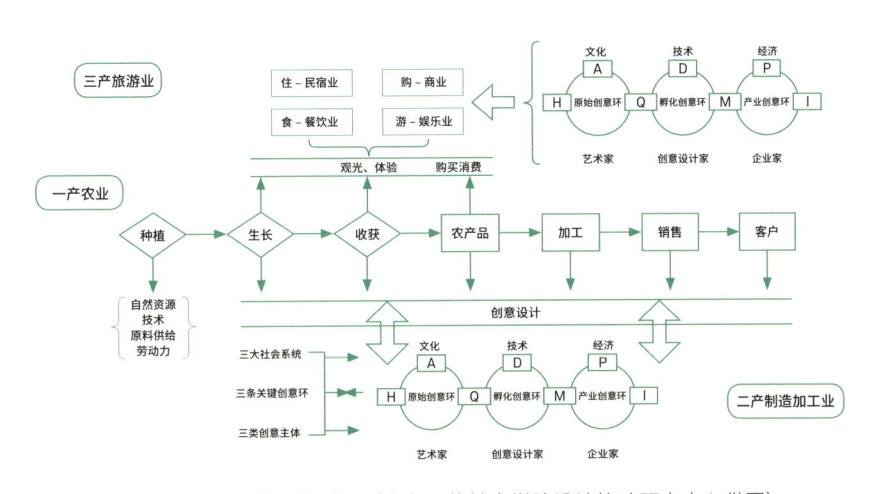

图 4-19　上九山村产业融合（山东工艺美术学院设计策略研究中心供图）

要推进乡村一二三产业融合发展。各地应当充分利用本地区的自然资源和自然环境，推进第一产业与乡村旅游的有效融合，大力发展创意农业、休闲农业和健康养生产业等乡村特色文化产业。各地应当充分运用民风民俗等文化资源，发展民俗风情游；要深入发展农副产品深加工产业，形成本地区独特的品牌。不仅如此，各地还应构建更为合理的产业布局，更延展的产业链条，更完善的政策吸引，给村内年轻人提供更多创业和就业机会，带来更多收入，才能实现多种产业融合发展。

图 4-19 为上九山村第一产业（种植业）、第二产业（制造加工业）、第三产业（旅游业）融合产业链和创意价值链。从图 4-19 可以看出，融合发展产业链横向延伸着眼于农产品深加工、销售环节；

产业链纵向发展得益于创意设计与技术的拓展。各地可以将第一产业与农产品加工制造、旅游业等第二、第三产业结合起来，延长产业链，增加农产品附加值，提高农业收益，促进农村地区经济结构产业化。此外，处于不同文化资源禀赋背景下的各村，也可根据自身的特点选择价值点，注入特色文化与创意设计，从而达到"一村一品"的最终目的。

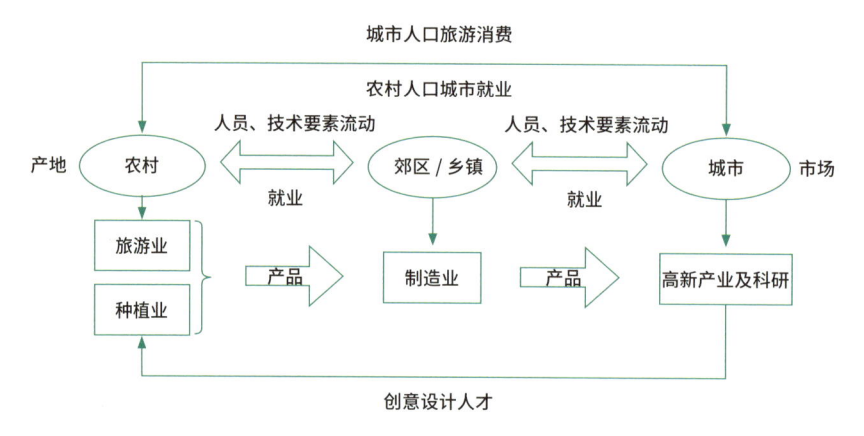

图 4-20　上九山村城乡产业延伸（山东工艺美术学院设计策略研究中心供图）

（三）城乡产业延伸，改变城乡二元结构

城乡的产业融合建立在不破坏农村生态的基础上，适宜农村发展的产业会向农村延伸或者是转移。例如农产品加工制造产业、围绕农业进行的现代服务业、旅游业、基于农村文化资源的文化产业等等，在产业重构的情况下，适合农村发展的产业会从城市向农村转移，形成一种新的产业结构。城市发展无污染或是轻度污染的商贸等生产性服务业和涉农高科技制造业；城郊或县城乡镇发展农村大农业向城市商贸服务业转换的加工业和物流业，包括农产品加工业、农业服务业、

农业物流业等；农村发展农业，或面向城市需求的订单农业，及生活服务业、旅游业等乡村特色文化产业。以上九山村为例，现村内仍以种植业为主，村民种植经济作物；对于农产品的初级加工虽有，但停留在作坊式，并未形成规模，并且由于土地资源制约原因，制造业也难以形成规模；第三产业旅游业，依托石头房为中心的文化资源进行开发，小有成效。因此，上九山村可以依托地区优势及政府扶持，提供农产品；在城郊发展方便农产品运输的物流业、进行农产品深加工，面向城市需要，发展订单农业；而城市消费者流向上九山村体验旅游，各个产业要素间形成互动，相互流通，形成三者间有序循环，依托产业链建立联系。

六、推动产业链优化升级，对接定制化消费需求

各地应推动产业链优化升级，对接定制化的消费需求。以王哥庄馒头产业为例，王哥庄村可以引进食品加工设备与技术，培养地区龙头企业，集中产业资源，对中型企业进一步扶持，提高企业管理水平和生产层级，从食品的粗加工发展成为集原材料处理、初级加工到精

图 4-21 王哥庄馒头产业链城乡结构对比（山东工艺美术学院设计策略研究中心供图）

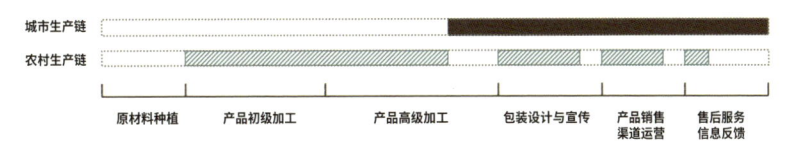

图 4-22 王哥庄大馒头未来产业链向农村回流（山东工艺美术学院设计策略研究中心供图）

细加工、产品销售到售后服务的完整食品产业链。

政府应当出台优惠政策，吸引城市产业链回流农村。当地政府应当为城市中的食品加工企业提供土地、原材料等资源，制定相应扶持政策，吸引位于城市的高端产业链条向农村回流，从而延长地区产业链，提升地区产品的市场竞争力。

除生产能力的提升外，各地还需要对消费市场进行分析，对消费者进行年龄、性别、职业等要素的分类研究。以王哥庄为例，通过调研数据与市场分析，进行产品的艺术设计与创意开发，也可以与网红IP建立合作关系，通过特有的面塑技艺呈现特色内容。王哥庄馒头通过产品定制化、当代元素应用、传统技艺展示等手段，满足新兴消费需求，开拓不断变化中的食品消费市场。

七、制定产业扶持政策，提高政府引导能力

（一）建立产业管理机构，强化产业管理能力

地方政府应建立产业管理机构，以政府的角色引导产业的发展方向。以威海市文登区的西洋参产业为例，随着西洋参种植技术的提高和产业规模的扩大，文登区成立了西洋参产业管理办公室，打造了西洋参交易中心，对产业发展问题集中解决，为从业人员提供科学种植设备和农业技术支持。

王家庄子村的风筝产业规模较为庞大，应设立相应的机构进行集中管理与引导。在经济与政策扶持方面，当地政府要发挥财政资金的主渠道作用，加大对王家庄子村文化事业的扶持和投入力度；要加大对该村文化基础设施建设的投资力度，积极改变文化公共设施陈旧老化、文化教育阵地严重匮乏的落后局面，为王家庄子村发展文化产业

提供一个良好的硬件环境。在产业发展上，地方政府应研究市场发展趋势，制定风筝产业发展规划，引导王家庄子村产业链升级，提高生产能力。

（二）培养龙头企业，发挥行业引领作用

培养龙头企业，有助于"以点带面"，发挥行业标杆作用，引导相关企业的生产链优化和产品质量提升。现代化企业的成立和发展，可以提高地区的产品创新能力，强化企业品牌意识，由低端产品向具有高文化附加值、高技术含量的产品发展。通过对市场消费需求的分析，形成准确、高效的企业发展模式。

（三）保护传统技艺，促进工艺传承

保护传统技艺，是为了对其文化价值的开发利用，为文化产业发展提供文化要素的支撑。在非遗申报、传承人培养等方面，各地应当利用《中华人民共和国非物质文化遗产法》《中国传统工艺振兴计划》等现有扶持政策，对传统技艺进行保护。

当今消费市场对手工产品的需求量很大，只是许多手工艺产品缺少销售渠道和宣传平台。因此，政府应为工艺传承人提供发展资金和展示平台，增强宣传力度。工艺传承人的收入和生活水平提高了，才能使更多的人学习和从事传统技艺生产。

（四）注重村民技能教育，提高从业者综合素质

发展农村文化产业，村民既是参与者，也是受益者，是客体，更是主体，因此必须要加强对农民的培训与引导。以王家庄子为例，可以建立风筝职业技能学校或技能学习空间，为村民提供技能提升的机

会。一方面,通过职业培训,可以提升生产效率,增强企业生产能力;另一方面,专业技能的提升,可以为当地居民带来更高的收入和职业竞争优势。

在文化教育方面,要加强对现有文化人才的教育和培训,努力提高其思想水平和业务素质,重点培养一批风筝文化产业带头人,努力提高他们的政治和业务素质,使他们成为王家庄子村文化产业管理能手,发挥农村文化生力军的作用。同时,通过文化教育,可以增强本地区从业者的文化认同感和工艺传承的责任意识。文化知识与工艺技术是从业者综合素质提升的根本保障。

八、完善政府、企业、居民的合作机制

随着社区内产业的不断发展,集聚地内各方稳定的合作关系将有利于促进产业集聚发展,提高竞争能力。因此,完善政府与企业、社区居民的合作机制显得尤为重要。

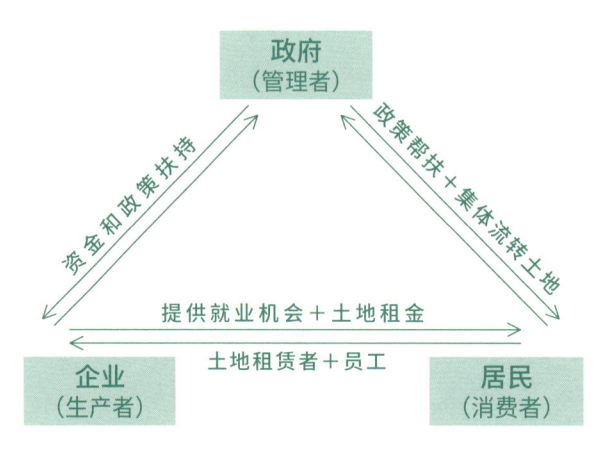

图 4-23 以产业发展为前提的政府、企业、居民之间的关系
(山东工艺美术学院设计策略研究中心供图)

目前，社区政府、企业与社区居民之间的角色关系紧密度、协同发展程度低。政府为企业提供资金和政策的扶持，但是培育出的支柱企业，对于社区发展及社区其他产业发展的带动性和辐射性不高，集约化程度低；政府将居民土地集体流转出来，提供给企业，在这个过程中，企业带动社区居民就业，支付给居民土地租金，但是企业对于村里整体的发展，没有持续性的带动作用。

在产业发展上，企业可给社区的居民一定程度上的股份，带动村民工作的积极性及村民和企业的黏性。由政府牵头，设立农村发展基金，鼓励返乡创业村民、大学生及在外务工人员返乡工作或创业。发挥村、镇政府及农业服务组织作用，通过政策鼓励、技术培训、资金支持等方式提高服务功能。社区居民与企业合作，要签订具有法律效力的合作合同，明确双方的权利和义务等等。只有明确政府、企业、居民等在产业发展中各自的角色，完善政府、企业、居民的合作机制，才能推动社区产业集群内各方的有效合作，促进产业更加稳定的发展。

九、整合产业资源，形成行业合力

（一）加强行业内部管理，避免恶性竞争

各地应强化行业协会的作用，组织村内的企业和生产作坊负责人召开讨论会，确定协会运行机制和产业合作模式。行业协会可以利用自身营销渠道掌握，通过客户集中接待、订单集中处理的方法，解决企业间恶性竞争的问题。

（二）产业集体化运营，增强市场竞争力

各地可以在地方政府与行业协会的组织下，建设加工产业区，对

产业区进行企业化和规范化管理。通过技术参股、利润分红等形式，组织村民到产业区工作，使村民从"小作坊生产者"转变为"企业股东+员工"的角色。村民按照生产要素持有产业区股份，既整合了本村生产资源，又保证了村民的生产积极性和收入稳定性。通过企业化的管理，可以将乡村的资源禀赋发挥到最大化，并利用收入盈利进行有计划的产业升级和优化。

各地可以通过加工产业区的建设，对乡村文化产业的工作人员、生产工具进行统一管理。根据消费市场的供需变化，对产品进行统一的价格调整，增强产品价格优势；统一原料供应与产品销售渠道，将乡村文化产业区打造成为该村对外出售产品的官方销售中心，降低供应方与购买方的议价能力。

（三）提高产业创新能力，培养高端产品生产能力

在产业与科学技术的结合方面，农村文化产业要打开高端消费市场，持续发展文化产业，就必须注重提高产品的文化品位和科技含量，摒弃陈旧、落后、低劣的产品形式和内容；从生产过程、产品开发、市场营销等环节上增加现代科学理论和技术的含量。以王家庄子为例，该村要逐步推进风筝文化数字化建设工程，加快文化资源、文化生产、文化传播的数字化，提高文化产品和服务的吸引力、感染力和影响力。加强科技运用和转化是解决王家庄子村现有产业链发展停滞的最有效手段，也是实现风筝文化产业后发优势的关键。

乡村文化产业振兴经典案例之一

三涧溪村文化产业典型案例

济南市章丘区双山街道三涧溪村近年来大力发展乡村文化产业，村民的收入水平迅速提高，成为远近闻名的富裕村。三涧溪村是乡村文化产业振兴的典型案例。

一、三涧溪村社会发展概况

三涧溪村位于山东省济南市以东，南有胡山，涵养着丰沛的水源，因山涧雨水汇聚成溪而得名。三涧溪村由三个自然村组成，全村1000户3100人，104名党员。其中村"两委"成员7人，平均年龄47岁，本科学历1人，专科学历2人。村里的支柱产业以鼓风机、锻打、铸造业为主，特色农业是以种养为主。目前三涧溪村村民人均可支配收入达到了2.6万元，村集体年收入达到260余万元。村里成立了121人的生态农业合作社。

图4-24 三涧溪目前村庄俯瞰图

过去的三涧溪村是有名的"乱村"，曾6年换了6任支部书记，人心涣散，群众怨声载道。被当地人形象地称作"神仙也治不了的三涧溪"，在章丘区是有名的"问题村"。近年来，在高淑贞书记带领下，该村以党建为引领，激发新活

图 4-25 三涧溪村获得的荣誉称号（课题组供图）

力，"党建+"推进产业融合发展，实现了乡村振兴。三涧溪村集体先后被授予"全国平安家庭创建先进单位""山东省绿化示范村""济南市民主法制示范村""济南市平安建设先进基层单位""济南市平安家庭创建示范单位""济南市十佳志愿服务队""章丘市先进基层党组织"等荣誉称号。

二、三涧溪村特色文化产业情况

课题组从产业经济学、设计学、管理学等多学科的角度出发，对乡村特色文化产业发展现状、特色文化产业的资源禀赋情况、特色文化产业与人的全面发展之间的关联三部分设计调研指标，进行研究，并按照地理位置、发展产业、发展—增长类型等原则在山东省选取了十个发展较好的调研村进行特色文化产业发展调研与评价，三涧溪村就是其中之一。

该指标体系由 3 个一级指标、11 个二级指标、72 个三级指标构成。各调研村的三级指标分数是结合调研过程中的实际情况，由 1—5 分为衡量标准进行评价：1 分为差，2 分为充分，3 分为好，4 分为非常好，5 分为出色；各村的二级指标分数由三级指标得分进行加权平均值后通过指数标准化计算所得；各调研村的一级指标分数由二级指标进行加权平均值后通过指数标准化计算所得。各级指标的调研村综合分数 F 由 SPSS 软件经由主成分分析，提取主成分后进行加权计算并经由指数标准化后获得。

三涧溪村指标评价情况如下所示。三涧溪村产业发展现状、产业与人的全面发展及产业资源禀赋三者相比，产业资源禀赋指数较高，产业发展现状及产业与人的全面发展指数基本持平，说明该村文化产业资源禀赋较好，但是产业发展及其配套产业发展成为其发展短板，未来产业发展有较大的提升空间。

表 4-1 三涧溪村一级指标分数情况

具体村	一级指标	样本量	加权平均值	指数标准化
三涧溪村	乡村特色文化产业发展现状 C	24	2.654	0.67
	乡村特色文化产业资源禀赋 B	24	3.20833333	0.75
	乡村特色文化产业与人的全面发展之间的关联 A	24	2.958	0.69

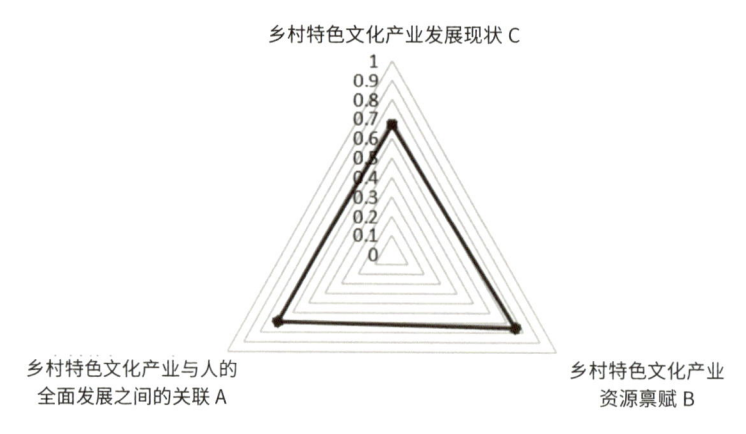

图 4-26　三涧溪村一级指标情况（山东工艺美术学院设计策略研究中心供图）

表 4-2　调研村综合分数情况

	一级指标	样本量	加权平均值	指数标准化
调研村综合分数 F	乡村特色文化产业发展现状 C	240	4.769455	0.664
	乡村特色文化产业资源禀赋 B	240	5.711818	0.735
	乡村特色文化产业与人的全面发展之间的关联 A	240	5.908909	0.702

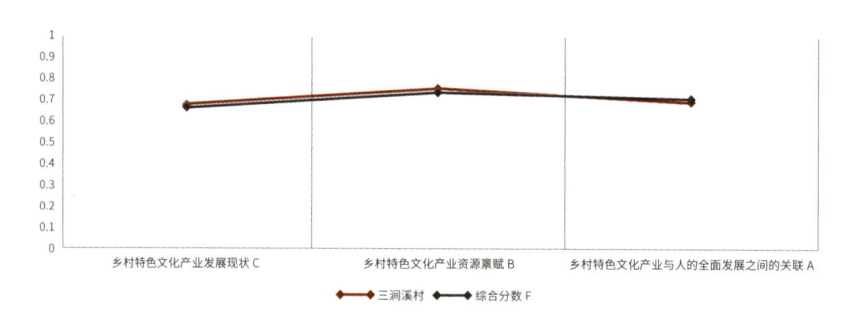

图 4-27　三涧溪村与综合分数对比情况（山东工艺美术学院设计策略研究中心供图）

（一）三涧溪村特色文化产业发展现状

1. 二级指标情况

加权平均后进行指数标准化，得出三涧溪村特色文化产业发展现状二级指标得分结果，与调研村综合分数 F 进行对比：

表 4-3　三涧溪村特色文化产业发展现状二级指标及综合分数情况

二级指标	加权平均数	指数标准化	调研村综合分数 F
产业发展状况 C1	1.625	0.4	0.616
产业间融合情况 C2	2.7777	0.74	0.644
产业支撑要素 C3	3.4444	0.75	0.64

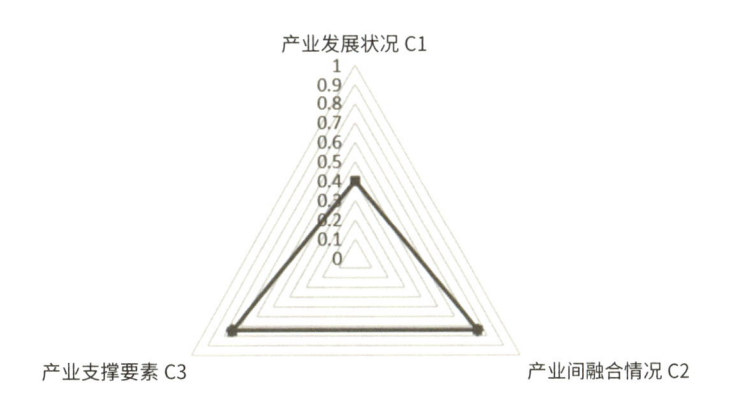

图 4-28　三涧溪村特色文化产业发展现状二级指标
（山东工艺美术学院设计策略研究中心供图）

从产业现状 C 的二级指标雷达图中可以看出，产业发展状况 C1、产业间融合情况 C2、产业支撑要素 C3 三者发展基本持平，产业发展状况 C1 稍低，未来可围绕产业本身及其配套产业发展进行提升。与综合分数 F 的对比折线图显示，C1 低于调研村综合分数，但 C2、C3 指数均高于调研村综合分数，说明该村其他产业，如制造业、

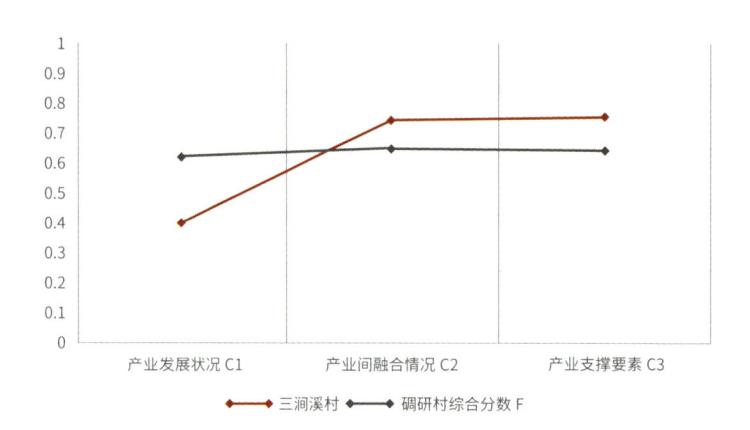

图 4-29　三涧溪村特色文化产业发展现状二级指标对比情况
（山东工艺美术学院设计策略研究中心供图）

养老业、农业等发展现状较好，且土地支撑、资金、政策等产业发展要素支撑较高，但文化产业自身发展较弱，未来应重点打造此领域。

2. 三级指标情况

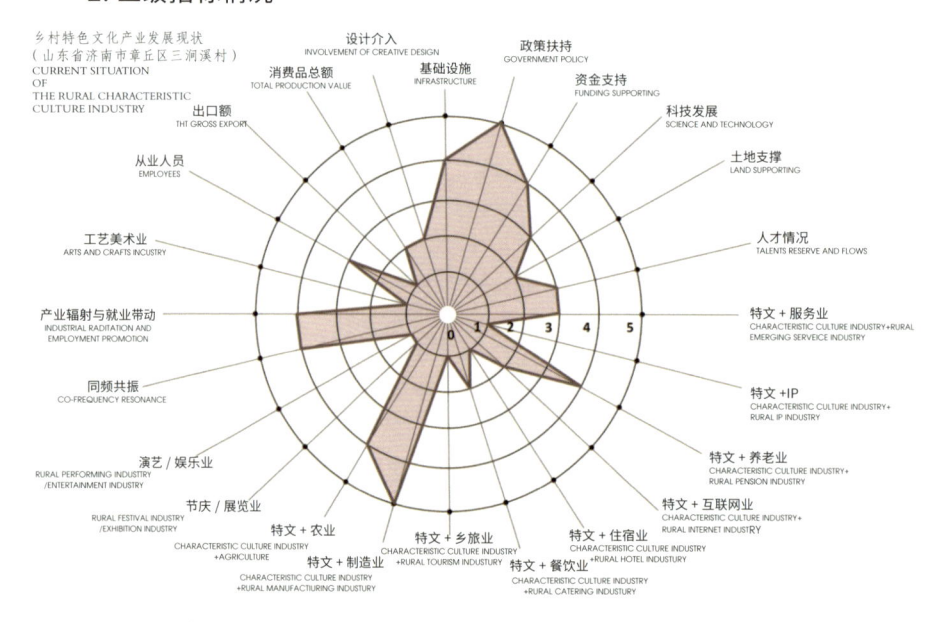

图 4-30　三涧溪村特色文化产业发展现状（山东工艺美术学院设计策略研究中心供图）

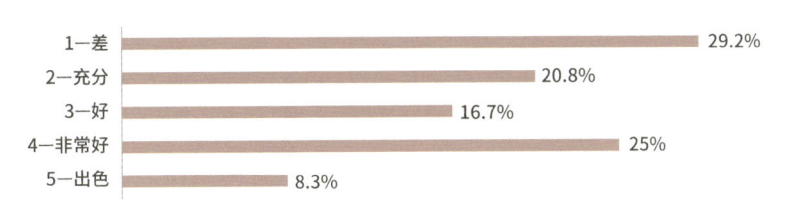

```
1—差      29.2%
2—充分    20.8%
3—好      16.7%
4—非常好  25%
5—出色    8.3%
```

图 4-31　三涧溪村特色文化产业发展现状指标占比
(山东工艺美术学院设计策略研究中心供图)

通过三涧溪村特色文化产业发展现状指标现状雷达图及指标占比分析，三涧溪村产业结构以二产为主，一产为辅，三产尚在建设初期，规模效益不大。因此该村文化产业发展现状不突出，现状指标较差的占比较高，达 29.2%，中间三个层级指标占比均匀，且出色指标占比不高，因此三涧溪村特色文化产业发展仍有众多需要面临的问题及提升的空间，文化产业发展基础一般，具体现状分析如下：

(1) 5—出色（8.3%）：制造业发展基础、政府扶持的优势

乡村制造业

三涧溪村的支柱产业是以鼓风机、锻打、铸造业等制造业为主。自 2006 年开始实施的工业园区提升计划已初见成效，截至目前，已入驻企业 70 余家，包含十几家高科技研发型企业，800 余名劳动力在此工业园上班，月平均收入在 3000 元以上。

政府扶持政策

"党建文化"是本村的发展核心，也是产业发展基础。党员带头，带领群众发展，对于有条件发展及遇到困难的企业等给予政策上的支持与扶持。

(2) 4—非常好（25%）：一二产业辐射与就业带动较好

三涧溪村一二产业发展历史基础好，且二产为村里的支柱产业，

提供给村里 80% 以上人口工作岗位，农民人均年收入达 2.6 万元，村集体年收入达 260 余万元。目前三涧溪村代表性的农业生产基地及合作社有 5 家，分别是济南源虎食品有限公司（员工 50 余人，年产值达 1500 多万元）、章丘市素腾养种植专业合作社（2014 年创建，60 余户村民入股，种植果树、绿化树木 100 余亩）、济南华东园林工程有限公司（员工 60 余人，年产值达 3000 多万元）、三涧溪缘生态园（火龙果亩产 3000—4000 斤，年收入 15 万元）、志达园林绿化工程有限公司等。因此产业辐射与就业带动、同频共振、农业、养老业、资金支持及产业相关基础设施方面指标现状非常好。

（3）3—好（16.7%）：产业建设初期，新兴服务业呈现出好的发展景象

三涧溪村现在处于旧村改造，新兴产业项目规划建设初期，各产业业态均在规划建设中，乡村新兴服务业规划基础较好，目前呈现出好的发展景象，未来具有一定的发展潜力。

目前村里服务业有三涧溪巾帼商贸专业合作社，运营本地酒、三涧溪古村旅游有限公司、三涧溪村淘宝服务站（2016 年开始运营，日均 20 余单，客户群体覆盖村民 500 余户，辐射周边 5 个村庄及 4 个社区）、三涧溪绿化保洁服务队、济南市三涧溪旅游开发有限公司（2014 年成立，职工 53 人，承担旅游项目开发、古村修复、农产品及工艺品销售）、济南市铁骑辉煌物业管理有限公司等。

（4）2—充分（20.8%）：创意设计、互联网、餐饮业等充分

依托村里制造业的发展，创意设计、互联网、餐饮业等产业业态能够满足目前的发展现状，但是产业发展不突出，不成规模。

图 4-32　三涧溪村乡村振兴整体规划

（5）1—差（29.2%）：文化产业及其配套产业发展现状较差

三涧溪村除了依托一二产业的配套性质的传统第三产业业态外，村里文化产业及其配套产业发展尚在规划建设中。三涧溪村将通过古街区、古地道、古民俗"三古"开发挖掘，规划"一村、两街、三溪、多区"的总体架构。目前，投资 1000 万的古村大道基本建成，美食新街区正进行内外装修。胶济铁路以北 1000 亩的田园综合体，生态餐厅、阳光采摘棚、猪猪乐园都在规划建设中。因此文化产业及其配套产业尚在建设期，此项指标现状较差。

（二）三涧溪村特色文化产业资源禀赋情况

1. 二级指标情况

加权平均后进行指数标准化，得出三涧溪村特色文化产业资源禀赋的二级指标得分结果，与调研村综合分数 F 进行对比：

表 4-4　三涧溪村特色文化产业资源禀赋二级指标及综合分数情况

二级指标	加权平均数	指数标准化	调研村综合分数 F
文化地理资源 B1	2.75	0.55	0.6
特定文化资源 B2	3	0.55	0.575
文化涵化与濡化 B3	2.5555	0.59	0.712
文化生态位 B4	3.6666	0.73	0.667

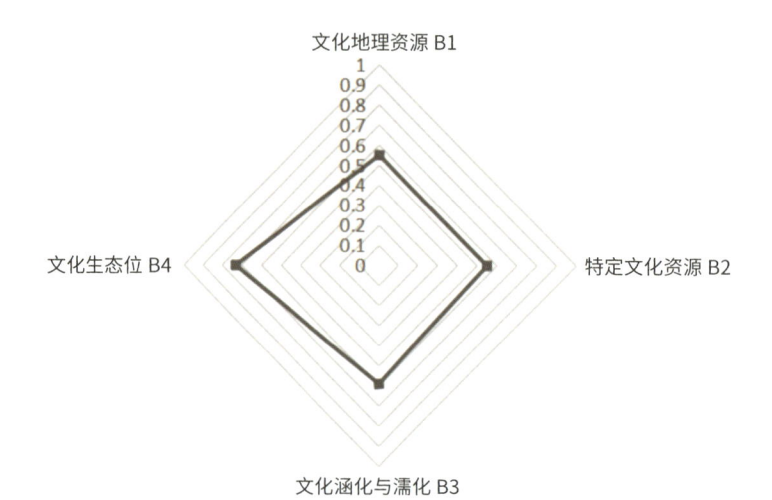

图 4-33　三涧溪村特色文化产业资源禀赋二级指标
（山东工艺美术学院设计策略研究中心供图）

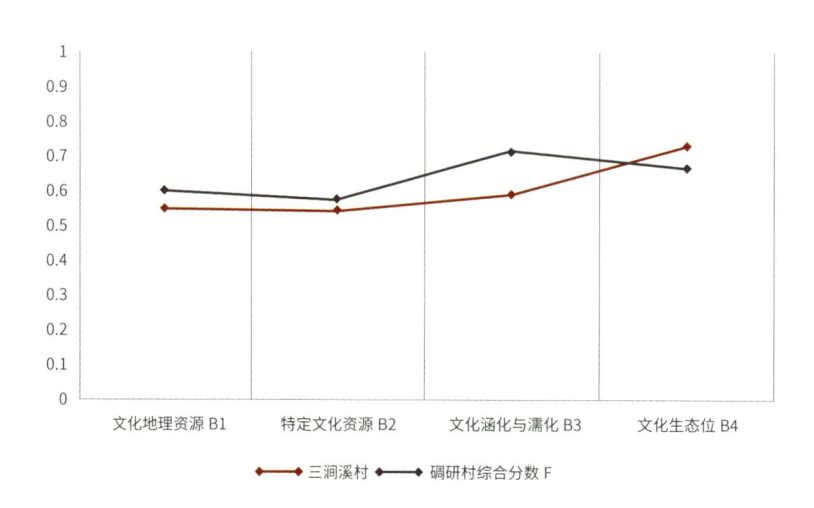

图 4-34　三涧溪村特色文化产业资源禀赋二级指标对比情况
（山东工艺美术学院设计策略研究中心供图）

从产业资源禀赋 B 的二级指标雷达图中可以看出，文化地理资源 B1、特定文化资源 B2、文化涵化与濡化 B3 三者发展总体平衡，但文化生态位 B4 呈现出明显的优势，且高于调研村综合分数 F，B1、B2、B3 指数均一致，且偏低，低于调研村综合分数 F，为该村发展短板，尤其是文化涵化与濡化 B3 与综合分数 F 相差较多，说明该村艺术形式、节日节庆、民风民俗等资源禀赋现状条件不高。

2. 三级指标情况

乡村特色文化产业的资源禀赋情况
（山东省济南市章丘区三涧溪村）
RESOURCE ENDOWMENT OF THE RURAL CHARACTERISTIC CULTURE INDUSTRY

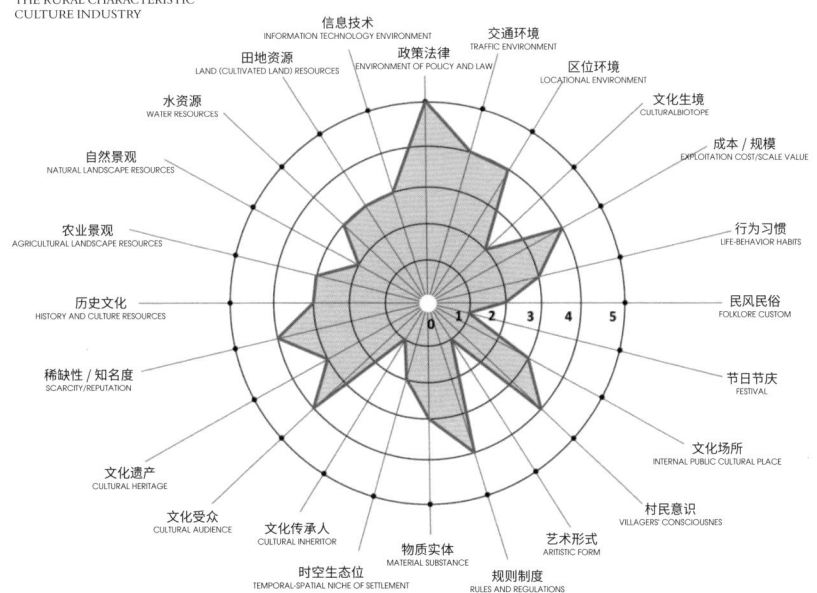

图 4-35　三涧溪村特色文化产业资源禀赋发展现状

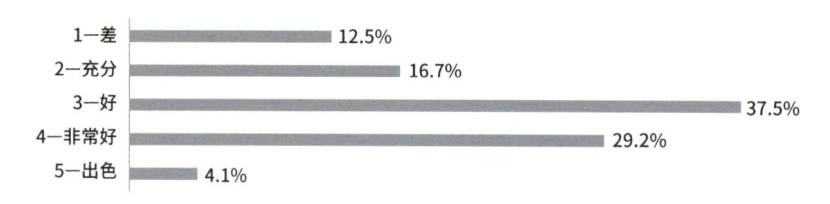

- 1—差　12.5%
- 2—充分　16.7%
- 3—好　37.5%
- 4—非常好　29.2%
- 5—出色　4.1%

图 4-36　三涧溪村特色文化产业资源禀赋现状指标占比
（山东工艺美术学院设计策略研究中心供图）

通过三涧溪村特色文化产业资源禀赋发展现状雷达图及现状指标占比得出，三涧溪村历史文化遗存丰富，保留有古街区、古地道、古民俗等历史文化资源。此外，三涧溪村有发展锻打、铸造业的历史，"打铁精神"被流传下来。且村目前在旧村改造的建设期，各项基础设计规划、建设较为齐全。综合分析，三涧溪村的特色文化产业资源禀赋有一定的优势基础，其中"3—好、4—非常好"层级指标达66.7%，但是"1—差、2—充分"指标所占比重达29.2%，对于特色文化产业未来发展有受限制的资源禀赋条件，具体现状发展如下：

表 4-5　三涧溪村资源禀赋表

资源禀赋等级	资源禀赋指标	资源禀赋现状说明
出色 （1项）	政策法律环境	政策环境：党建文化是本村统领产业发展的优势，因此村内积极遵循政治制度、政党和政党制度等，且政治气氛良好 法律环境：各项产业业态法律规范，且公民法律意识较好
优秀 （7项）	稀缺性/知名度	2018年6月12日至14日，中共中央总书记、国家主席、中央军委主席习近平来到三涧溪进行考察，其知名度大大提高

续表

资源禀赋等级	资源禀赋指标	资源禀赋现状说明
优秀 (7项)	文化受众	①邀请在校大学生参与村里活动，引导大学生扎根农村、创新创业；②与齐鲁师范学院、齐鲁理工学院等7家院校建立了"校村共建、交流共享"机制；③设立了青年人才创业党支部，目前该党支部有青年党员37名，有7人办了自己的公司
	规则制度	①一二产业相关企业规章制度齐全；②村里制定了村规民约，并对守规矩的村民进行奖励，不遵守的就按章批评教育
	内部公共文化场所	便民服务中心、商业街、文化大院等基础服务设施基本齐全，部分在完善建设中
	规模价值	三涧溪村将通过古街区、古地道、古民俗"三古"开发挖掘，规划"一村、两街、三溪、多区"的总体架构，开发规模价值大
	地理区位环境	三涧溪村位于山东省济南市经十东路以北，章丘区东环路以东，南邻山东技师学院和章丘区城东民营工业园，胶济铁路穿村而过，交通极为方便，地理位置优越
	交通环境	
较好 (9项)	田（耕）地资源	耕地5000余亩
	水资源	①三涧溪因附近胡山常年雨水冲刷，山涧雨水汇聚成溪而得名，村里有穿村而过的三条小溪，东西两面有乾河绕村北流；②建设有日处理能力5000立方米的新型污水处理站，采用国内新技术，实现水资源循环利用

续表

资源禀赋等级	资源禀赋指标	资源禀赋现状说明
较好 (9项)	农业景观资源	耕地资源丰富，且未来规划有1000亩的田园综合体，生态餐厅、阳光采摘棚、猪猪乐园等，目前都在规划建设中
	历史文化	①地道文化：宋元古地道（全长5000余米），地道中发现了磨盘、灶台、土炕、水井等； ②三涧溪出土文物：最早追溯商周时期，如商代梁卣，还有战国陶壶、陶鼎、陶盒等，具有较高的历史、艺术和科学价值； ③此外还有，元代丘子墓、明清圩子墙平浪桥、涧溪八大景等
	文化遗产	
	集市、舞台等物质实体	文化广场室内活动室，科技图书室等休闲娱乐设施等建设齐全，部分正在建设完善中
	内部公共文化场所	
	日常生活行为与习惯	推动"家文化"，以党风带家风促民风，日常生活行为与习惯较好
	信息技术环境	依托二产发展的信息技术环境较好
充分 (3项)	聚落时空生态位	①村子分为古村和新村，充分挖掘古村、古地道资源，并与上海微笑草帽乡村发展集团合作，进行专业的规划设计、建设、运营、管理。聚落时空生态位指标充分 ②下一步，三涧溪村将通过古街区、古地道、古民俗"三古"开发挖掘，规划"一村、两街、三溪、多区"的总体架构
	民风民俗	
	文化生境	
较差 (3项)	文化传承人	村内有皮影、手工拢梳匠人，面临传承困境
	艺术形式	皮影、秧歌、合唱、门球等艺术形式不突出
	节日节庆	旧村改造，新村建设初期，节日节庆等发展不充分

(三)三涧溪村特色文化产业与人的全面发展之间的关系

1. 二级指标情况

加权平均后进行指数标准化,得出三涧溪村特色文化产业与人的全面发展之间关系的二级指标得分结果,与调研村综合分数 F 进行对比:

表 4-6　三涧溪村特色文化产业与人的全面发展关系
二级指标及综合分数情况

二级指标	加权平均数	指数标准化	调研村综合分数 F
收入与消费 A1	3.25	0.8	0.685
乡村文化环境 A2	4.2	0.8	0.686
文化生活参与 A3	3.5	0.8	0.709
主观幸福感 A4	3.2857	0.58	0.637

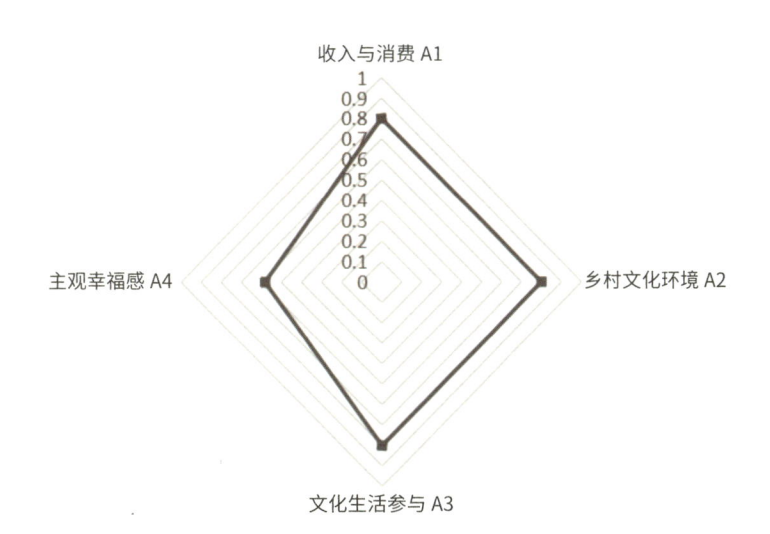

图 4-37　三涧溪村特色文化产业与人的全面发展关系二级指标
(山东工艺美术学院设计策略研究中心供图)

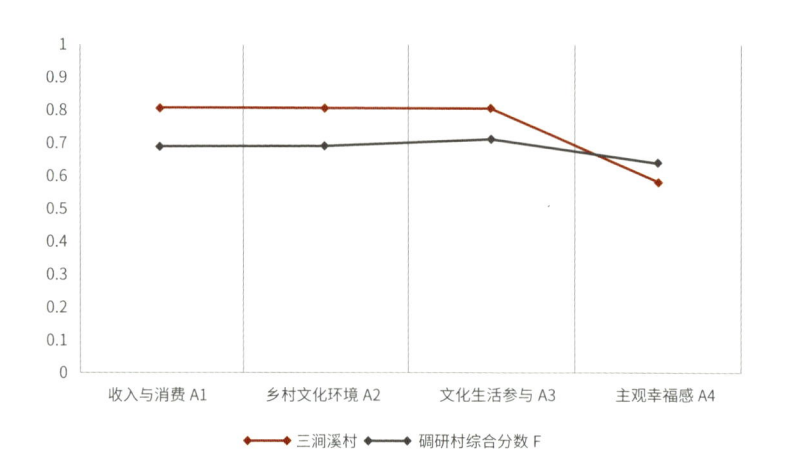

图 4-38 三涧溪村特色文化产业与人的全面发展关系二级指标对比情况
（山东工艺美术学院设计策略研究中心供图）

从产业与人的全面发展的关系 A 的二级指标雷达图中可以看出，收入与消费 A1、乡村文化环境 A2、文化生活参与 A3、主观幸福感 A4 四者发展总体平衡，其中主观幸福感 A4 指数相对偏低；与综合分数 F 的对比折线图显示，A1、A2、A3 略高于平均水平，但 A4 明显与平均水平稍有偏差。说明该村村风文明，村容村貌较好，但文化产业带给人们的主观幸福感程度偏低，未来在发展特色文化产业的同时，更应注重文化产业带给人们的放松感、获得感、自我成就感、文化认同感等主观幸福感因素的提升。

2. 三级指标情况

三涧溪村内产业发展及乡村振兴，依赖于党建文化的建设。该村以党建文化为引领，推行"党员联四邻、四邻评党员"制度，以党员为圆心、四邻为半径，使党员联系群众；该村推行党员"积分制、捆绑式"考评机制，推动一人带全家、全家带四邻。该村将党建文化深入到每个产业、每个村民，村民积极性高，民风正，乡风淳。因此特色文化产业与人的全面发展之间的关系现状指标普遍较高，且无"1—差"指标。

乡村特色文化产业与人的全面发展之间的关联
（山东省济南市章丘区三涧溪村）
THE RELATIONSHIP BETWEEN RURAL CHARACTERISTIC INDUSTRY AND INDIVIDUAL'S ALL-ROUND DECELOPMENT

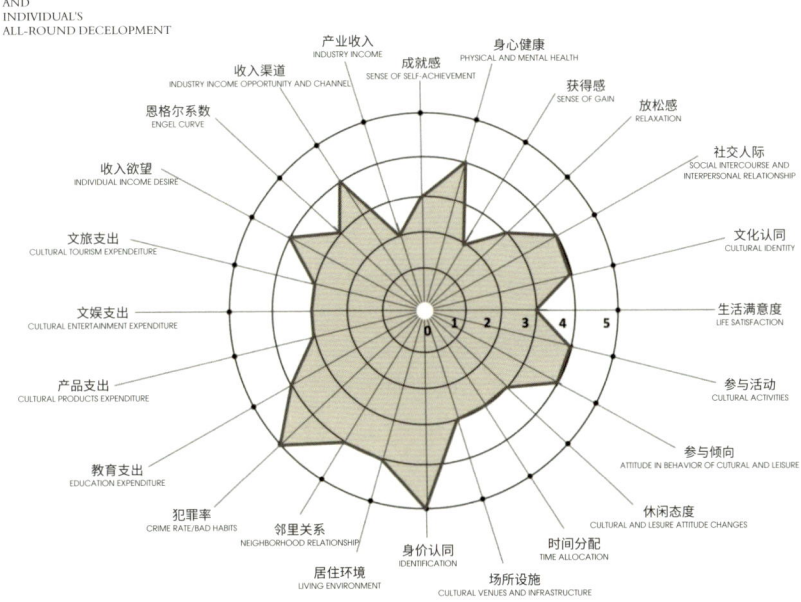

图 4-39　三涧溪村特色文化产业与人的全面发展之间的关联现状
（山东工艺美术学院设计策略研究中心供图）

- 1—差
- 2—充分　8.3%
- 3—好　41.7%
- 4—非常好　41.7%
- 5—出色　8.3%

图 4-40　三涧溪村特色文化产业与人的全面发展之间的关联现状指标占比
（山东工艺美术学院设计策略研究中心供图）

图 4-41、42　三涧溪村民自治与善行义举四德榜

（1）5—出色（8.3%）：民风正，村容村貌美

三涧溪村 80% 以上的务工人员在村里工业园上班，月平均收入在 3000 元以上。村民手头上的活多了、收益多了，心随着变宽了，犯罪率及不良嗜好等大大减少。村里为丰富村民休闲娱乐生活，成立了皮影队、庄户剧团、锣鼓队、舞蹈队、秧歌队、合唱队、门球队等 10 余支队伍，丰富多彩的群众文体活动，有力地促进了乡风文明、邻里和睦，形成了齐心协力、干事创业的良好村风民风。

（2）4—非常好（41.7%）：睦邻友好

三涧溪村大力推动"家文化"，以党风带家风促民风，定期开展各类活动，带动群众向上、向善、向好；评选出一批"好媳妇""好婆婆"；发挥红白理事会的作用，促进移风易俗；制定村规民约，对守规矩的进行奖励，不遵守的就按章批评教育。睦邻友好，文明和谐。

（3）3—好（41.7%）：生活安定，文明宜居

三涧溪村由三个自然村组成，村民 1160 户，耕地面积近 5000 亩。为让全村居民住上新楼房，三涧溪村先后建起了 22 栋社区公寓楼，已有 350 余户村民入住，同时还配套建设有便民服务中心、超市、商业街、文化大院等基础服务设施，打造了集住宅、购物、医疗、教育、

图 4-43、44　三涧溪村旧村与新村

休闲娱乐等服务功能于一体的新型农村社区。目前三涧溪村里有 40% 的村民住上了楼房，环境优美，文明宜居。

(4) 2—充分（8.3%）：对经济富足的期盼

目前村里吸引了 72 家绿色企业入驻工业园区，全村 80% 的青壮年在此工作，人均工资 3000 元左右，产业收入稳定，但促进农民持续较快增收的长效政策机制尚未建设完备，因此产业收入状况、获得感等指标，现状为充分。

三、三涧溪村发展特色文化产业打造"齐鲁样板"的基础及短板

综上现状分析，三涧溪村特色文化产业发展现状以"4—非常好、3—好"两个等级的指标数量最多，分别占 31.9%，两个等级的指标总数占全部一半以上，达 63.8%，但是分值贡献点较多的在于产业与人的全面发展之间的关联。

通过三涧溪村特色文化产业发展现状综合指标占比分析，三涧溪村特色文化产业发展呈现以下几个特点：①整体上，三涧溪村"5—出色"的指标低于其他四个层级的指标，且"2—充分、1—差"的两

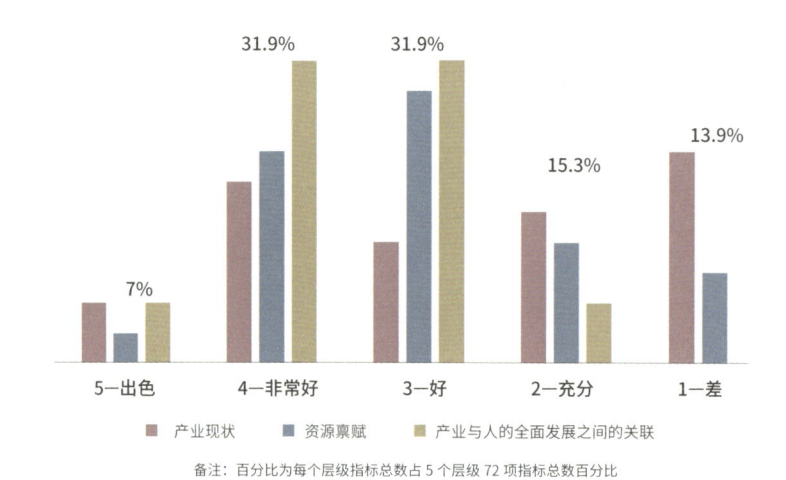

图 4-45　三涧溪村特色文化产业发展现状指标综合指标占比
（山东工艺美术学院设计策略研究中心供图）

项指标比重达 29.2%，证明三涧溪村特色文化产业发展基础仍需加强，未来产业发展仍有需要解决的问题短板，或发展威胁，产业发展的提升空间较大。②该村文化产业目前发展现状较差，此项指标中"1—差"占比高于其他几个层级的指标值，且每个层级的指标相差不大，这与村庄处于产业转型、新旧村改造、第三产业规划建设中的现状密不可分。③村庄资源禀赋整体较好，但"5—出色"资源禀赋指标低于"1—差"的指标，证明村庄发展特色文化产业资源禀赋充分利用程度低，未来可带给产业较好的发展机会。④产业的发展与人的全面发展之间的关联以"3—好、4—非常好"等较好指标所占比重明显，且无"1—差"的指标，对于未来产业发展提供良好的基础。三涧溪村发展特色文化产业打造"齐鲁样板"基础及短板如下：

（一）优势（Strengths）

1. 党建文化引领，夯实产业振兴基础

三涧溪村始终坚持党建引领，把党建工作融入乡村振兴各领域，渗透到由乱到治、由穷到富、由弱到强的全过程。该村认真落实"三

图 4-46 三涧溪村党建文化

会一课"制度，搭建了"五个一"服务平台，实行党员"家庭捆绑式"考核机制，推动组织振兴；流转土地发展现代农业、建设园区壮大集体经济，推动产业振兴；实施环境综合整治，加快新旧动能转换等等，为"齐鲁样板"的打造，推动乡村振兴，夯实了产业振兴的基础。

目前，三涧溪村拥有5个党支部，成员分别由工厂企业人员、青年创业人员、物业人员、康养服务人员、旅游文化人员组成。5个党支部从五个方向入手，贴近群众生活，夯实了乡村振兴基础。现在，全村140名党员拧成一股绳，无论年龄老幼，都热情积极、干劲十足。

2. 凝心聚力"家"文化，民风正，乡风淳

"家"文化建设成为三涧溪村增进党群干群关系、实现村治民安

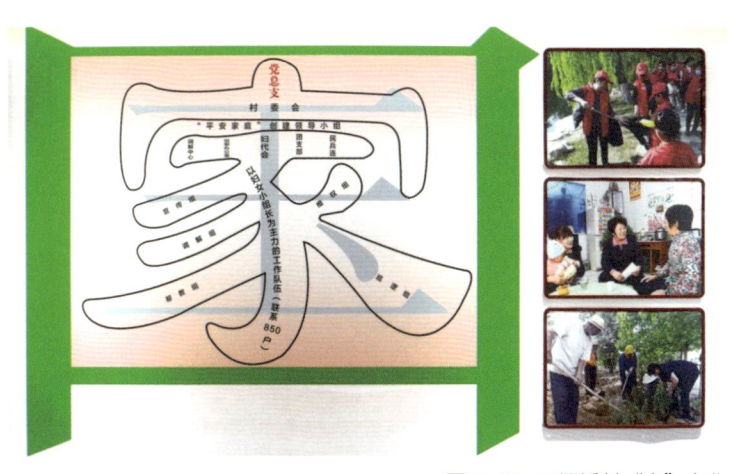

图 4-47 三涧溪村"家"文化

的法宝。党支部就是"家"字头上那一"点"。三涧溪村通过党风带家风，家风转民风，民风促村风，形成了爱国爱家、相亲相爱、向上向善、共建共享的社会主义文明新风尚。三涧溪村依托"家"字形组织网络体系内涵，建设了"妇女之家""服务之家""维权之家"，鼓励群众参与"建家、利家、学家、创家"等服务平台。该村积极发挥党员先锋模范作用，全村实现了薄养厚葬、披麻戴孝、大操大办、奢侈浪费、互相攀比、赌毒黑恶"六个不见"，形成了家庭和睦、邻里和谐、干群融洽的良好氛围。

3. 以制造业为主的第二产业发展优势

三涧溪村的支柱产业是以鼓风机、锻打、铸造业等制造业为主。代表性企业有中美合资企业山东连发医用塑胶制品有限公司（1992年成立，占地20000平方米，现有自主知识产权11项）、山东山一数控机床制造有限公司[2001年成立，拥有年产200台（套）各类数控机床的能力]、济南海泰新材料有限公司（1992年成立，占地45000平方米，产品远销世界各地）、章丘丰源机械有限公司（1995年成立，员工30余人，固定资产3800余万元）、山东聚鑫计集团（1995年成立，员工500余人，总资产3亿元）、山东中天重工有限公司（2003年成立，员工150余人，总资产1.2亿元，年出口创汇3200万美元）、济南鲁新金属制品有限公司（2011年成立，员工260余人）等，以制造业为主的第二产业发展优势明显。

（二）劣势（Weaknesses）

1. 三涧溪村目前处于规划建设中，文化产业发展不突出

目前三涧溪村处于旧村改造，新村建设当中，尤其是第三产业相关业态仍在规划、建设阶段，现阶段第三产业仅有淘宝服务站、物业

管理、旅游开发公司等传统的文化产业业态，促进农民持续较快增收的长效政策机制尚未建设完成。下一步，三涧溪村将通过古街区、古地道、古民俗"三古"开发挖掘，规划"一村、两街、三溪、多区"的总体架构，即依托三涧溪古村，建设富荣古街、美食新街，修复借势穿村而过的三条小溪，打造原乡古村区、风情美食区、高效农业区、乡村创客区、康养乡居区等功能区，构建赏游娱学农食购宿等多种功能于一体的乡村旅游典范。

2. 创新型人才的缺乏

在三涧溪村规划建设中，各产业业态，尤其是新兴的产业业态的发展需要大量高水平的、创新型专业人才。受农业生产条件的限制，农业企业引进人才比较困难。农业产业集群多位于城郊或农村地区，生产生活条件较为艰苦，本身对人才吸引能力较弱，此外城乡户籍、社保等体制的障碍以及企业内部的培养和晋升机制的不健全，进一步加大了人才引进的难度。人才匮乏的问题，仍然是产业发展过程中需要面临的重要问题。

四、三涧溪村发展特色文化产业打造"齐鲁样板"的发展路径

（一）产业发展路径：推动产业结构转型升级，实现三产带二产并引领一产

习总书记提到，农业、农村、农民问题是关系国计民生的根本性问题。没有农业、农村的现代化，就没有国家的现代化。农业强不强、农村美不美、农民富不富，决定着亿万农民的获得感和幸福感，决定着我国全面小康社会的成色和社会主义现代化的质量。三涧溪村在目

前二产占主导的基础上，把实体经济做实做强做优的同时，带动三产和一产的发展，并逐步引导二产和一产延伸产业链条向三产逐步发展，最终实现三产带二产并引领一产的产业结构转型，构建多元发展，多级支撑的现代文化产业新体系，促进一二三产业融合发展，把产业发展落到促进农民增收上来，消除农村贫困，实现乡村振兴。

1. 发展现代农业

（1）推进农村土地确权和流转制度改革，积极发展农业产业化、规模化经营。

（2）延长农产品产业链条，由种植、加工、销售，向种植、产品粗加工、产品精细加工、产品研发、产品授权、产品 IP 开发等多产业业态延伸开发，深耕农业产业链条，实现农业经济的"三产融合"发展。

（3）实施农业发展的品牌战略，加大知识产权的保护力度。在信息时代，品牌战略能提高农产品的知名度，拓宽农产品销售渠道，更是提高农产品附加值的重要举措。

（4）依托源虎黑猪及村内农业相关资源禀赋条件，因地制宜升级打造田园综合体：集现代农业、休闲旅游、康养中心、科普教育、农耕文化体验、萌宠乐园等多种产业形态为一体。

2. 推进制造业产业转型升级

（1）立足制造业产业链条，多点切入，一方面，对制造业主价值链与子价值链进行拆分组合，将劳动密集型向外转移，村内保留核心研发、创意的产业链条。另一方面，可将制造业产业链条延长和拉伸，多角度实现与一二三产业的融合发展。

（2）以技术创新促进制造业转型。技术创新是产业融合与制造业转型升级的源头和核心动力，产业融合是技术创新驱动制造业转型升级的基本路径。

(二)人才发展路径：继续做好人才振兴战略

三涧溪村在现在通过内外两个层面吸引和引进人才的基础上，内部，鼓励企业继续建立健全人才培养制度及人才引进制度，确保产业发展人才队伍的稳定性，定期邀请专家及本土人才，传授实用技术、进行创业经验交流；外部，积极引进高校毕业生，并鼓励外出读书大学生、外出务工青壮年等回乡创业，组织本土人才搭建平台，进行异地人才的经验交流。

此外，重点发挥党支部的带领作用，以党支部为引领，以企业为主体，以产业需求为出发点，建立社区居民人才振兴孵化载体。第一，实施农业技术推广、培训，新型职业农民技能培训，创新创业培训平台，打造服务人才振兴的新载体和新模式。第二，建立"政产学研用"平台，鼓励企业与高校、科研机构、知名设计企业等签署战略合作，或建立实习实训基地，在引进人才和人才培训、建设运营方面进行全面合作。第三，以政府为引导，多家企业合作成立人才服务公司，根据年龄、学历、职业等对人才分类，由人才选岗认岗，同时为人才创业发展提供有效的政策及资金扶持，形成企业与人才、政府与

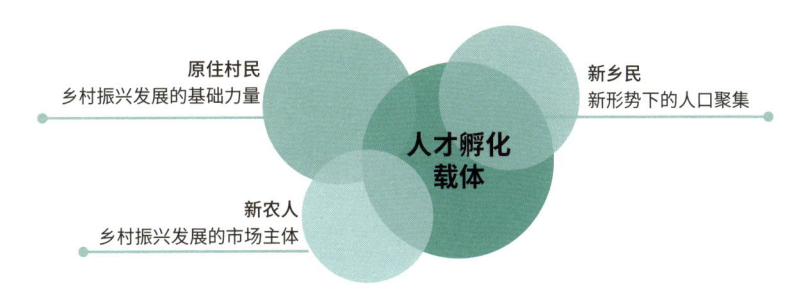

图 4-48　人才孵化载体构想（山东工艺美术学院设计策略研究中心供图）

人才、企业与企业之间关于人才的多项互动与流通。

（三）文化发展路径：做好文化传承，塑造乡村文化IP

三涧溪村历史悠久，据考证，该村在宋朝时期就已建村，至今已有千年历史。该村历史文化及文化遗产资源禀赋高，尤其是独特的地道文化，至今影响着这一代人，说地道话，办地道事。在旧村改造，新村建设的过程中，做好文化传承的同时，更重要的是塑造乡村文化IP，使之嵌入村里各产业发展链条的各个环节，让村内各产业业态以统一、鲜活的形象与市场需求、人民需求对接，促进各产业业态联动发展，多渠道变现，收获更多的衍生价值。做有记忆的乡村、有传承的乡村的同时，更做有辨识度、有影响力的乡村。

（四）实施发展路径：继续强化党组织建设的引领作用

三涧溪村在党建工作引领下，产业发展有力，集体经济壮大，生态环境秀美，村民的生活越来越好，未来三涧溪村发展特色文化产业打造"齐鲁样板"，仍然需要继续强化党组织建设的引领作用，构建党组织、村委会、新农人、新乡贤四位一体的新型乡村治理结构，发挥好基层党组织战斗堡垒作用，为乡村振兴提供组织保证。

乡村文化产业振兴经典案例之二

麻店鑫诚田园综合体典型案例

滨州市惠民县麻店镇鑫诚现代农业省级田园综合体（以下简称鑫诚田园综合体），是山东省乡村文化产业振兴的又一典型案例。

一、麻店镇鑫诚现代农业省级田园综合体概况

麻店镇隶属山东省滨州市惠民县，位于惠民县城东南10千米处，中国兵圣孙子文化旅游开发中轴线的中部。周围有滨莱高速（S29）、荣乌高速（G18）、青银高速（G20）、长深高速（G25）环绕，济滨城际铁路2020年通车，交通便利。全镇共辖72个行政村，常住人口29812人（2017年），总面积77.46平方千米。

麻店镇一二三产业协同发展，但农业发展的产业基础优势明显。

图 4-49　鑫诚田园综合体规划图

麻店镇拥有滨州最大的瓜果育苗中心；瓜菜大棚总量达 1.5 万亩、露天瓜菜 4 万余亩，省市县各级瓜菜合作社 75 家。该镇第二产业以粗放型产业为主，如桔梗加工、制水厂、包装厂等。该镇第三产业发展，依托鑫诚田园综合体，以"新型工业 + 现代农业 + 旅游观光"的发展模式，打造乡村旅游集群片区。

鑫诚田园综合体计划总投资 16.7 亿元、流转土地 1.5 万亩，截至目前已投入资金 5 亿元。该田园综合体以现代观光农业为基础，以风车文化为核心，集现代农业、休闲旅游、婚庆摄影、康养中心、温泉养生、亲子度假、科普教育等于一体。

目前，鑫诚田园综合体已实现规模化、智能化种植，这里四季瓜果飘香，年产各类优质果蔬 6500 吨，配套建设了 3 万吨食用菌蔬菜深加工基地。该田园综合体带动周边 1100 余户农民年均增收 22000 元，624 户贫困户实现稳定脱贫，15 个村集体收入全部稳定在 3 万元以上，辐射带动全县土地流转率达 56.3%。

二、麻店鑫诚田园综合体特色文化产业情况

麻店鑫诚田园综合体指标评价情况如下所示。鑫诚田园综合体产业发展、产业与人的全面发展及产业资源禀赋三者发展呈现三个层级的变化：产业发展现状较高，资源禀赋次之，产业与人的全面发展之间的关联最低。这一数据说明，该村资源禀赋支撑情况充足，产业发展基础较好，但发展时间短，各产业业态发展不成熟，未来产业发展与人的全面发展之间的关联有待提高。

表 4-7 麻店鑫诚田园综合体一级指标分数情况

具体村	一级指标	样本量	加权平均值	指数标准化
麻店鑫诚田园综合体	乡村特色文化产业发展现状 C	24	3.154	0.8
	乡村特色文化产业资源禀赋 B	24	3.208	0.75
	乡村特色文化产业与人的全面发展之间的关联 A	24	2.958	0.64

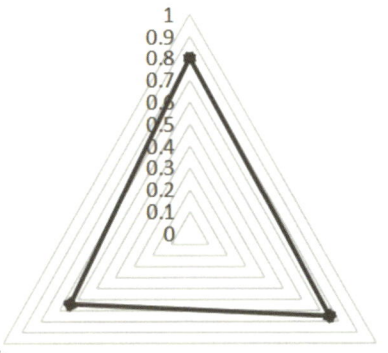

图 4-50 麻店鑫诚田园综合体一级指标情况
（山东工艺美术学院设计策略研究中心供图）

表 4-8 调研村综合分数情况

	一级指标	样本量	加权平均值	指数标准化
调研村综合分数 F	乡村特色文化产业发展现状 C	240	4.769455	0.664
	乡村特色文化产业资源禀赋 B	240	5.711818	0.735
	乡村特色文化产业与人的全面发展之间的关联 A	240	5.908909	0.702

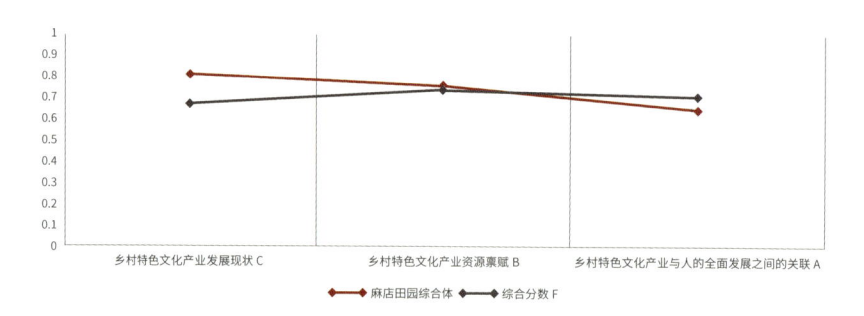

图 4-51　麻店鑫诚田园综合体与综合分数对比情况
（山东工艺美术学院设计策略研究中心供图）

（一）麻店鑫诚田园综合体特色文化产业发展现状

1. 二级指标情况

加权平均后进行指数标准化，得出麻店鑫诚田园综合体村特色文化产业发展现状二级指标得分结果，与调研村综合分数 F 进行对比：

表 4-9　麻店鑫诚田园综合体特色文化产业发展现状
二级指标及综合分数情况

二级指标	加权平均数	指数标准化	调研村综合分数 F
产业发展状况 C1	2.875	0.71	0.616
产业间融合情况 C2	2.8888	0.77	0.644
产业支撑要素 C3	3.6666	0.8	0.64

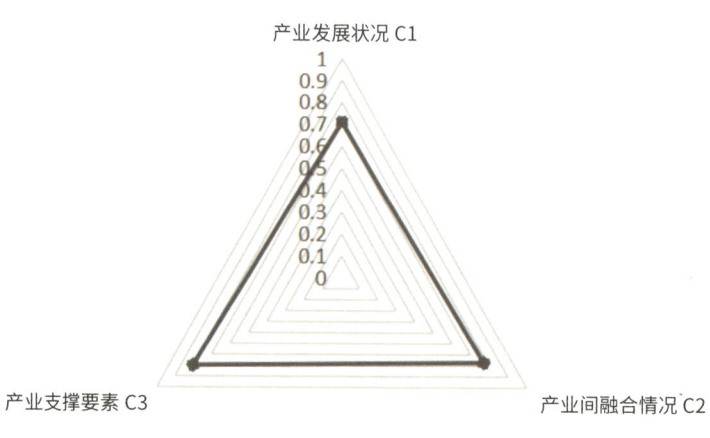

图 4-52　麻店鑫诚田园综合体特色文化产业发展现状二级指标
（山东工艺美术学院设计策略研究中心供图）

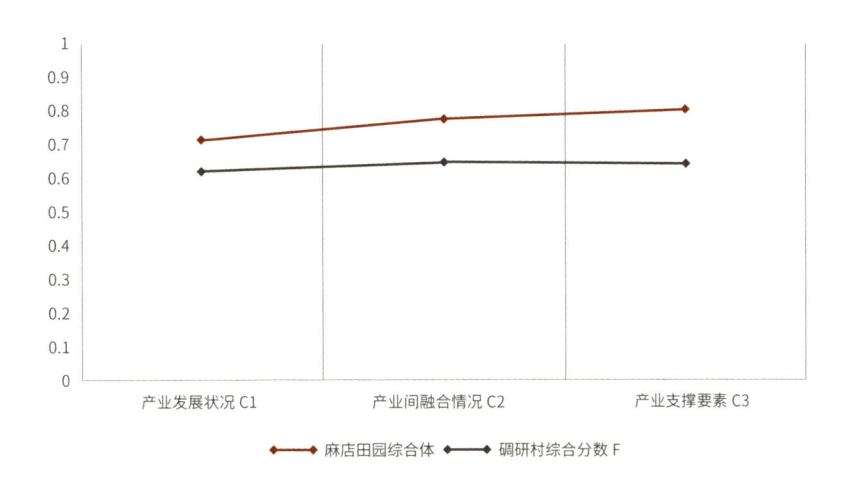

图 4-53　麻店鑫诚田园综合体特色文化产业发展现状二级指标对比情况
（山东工艺美术学院设计策略研究中心供图）

从产业现状 C 的二级指标雷达图中可以看出，产业发展状况 C1、产业间融合情况 C2、产业支撑要素 C3 三者发展基本持平，产业支撑要素 C3 最高，产业间融合情况 C2 次之，产业发展状况 C1 稍低，但三项均高于调研村综合分数。这与该村产业业态全，产业支撑要素充足相关，但由于各产业业态处于初级发展阶段，发展尚未成熟，导致产业发展现状相对偏低，未来此项成为重点提升的对象。

2. 三级指标情况

通过鑫诚田园综合体特色文化产业发展现状雷达图及现状指标占比分析，鑫诚田园综合体特色文化产业发展现状以"3—好"层级指标占比最高，且"3—好"与"4—非常好"指标值几乎一致，相差不多，且两个层级指标值总数达 70.8%，因此鑫诚田园综合体产业发展现状整体较好。此外，"1—差、2—充分"层级指标值总数占比达 20.9%，且出色指标占比不高。因此，综合体产业发展仍有面临问题及提升的空间，具体现状分析如下：

乡村特色文化产业与发展现状
（山东省滨州市麻店鑫诚田园综合体）
CURRENT SITUATION OF THE RURAL CHARACTERISTIC CULTURE INDUSTRY

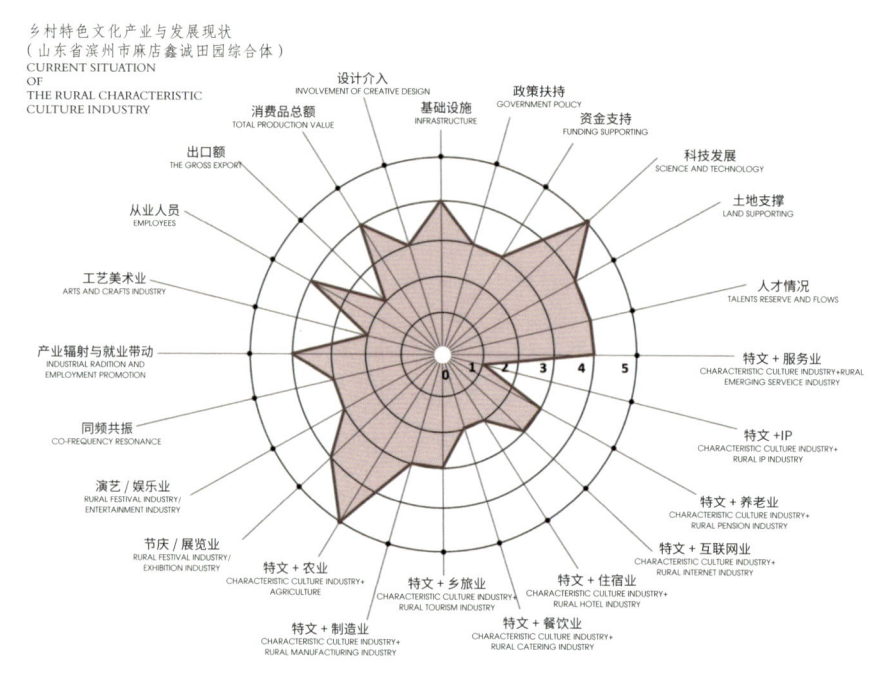

图 4-54　麻店鑫诚田园综合体特色文化产业发展现状
（山东工艺美术学院设计策略研究中心供图）

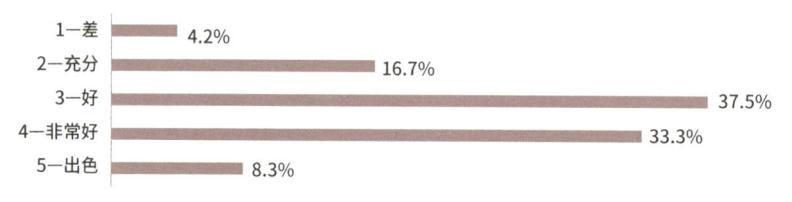

等级	占比
1—差	4.2%
2—充分	16.7%
3—好	37.5%
4—非常好	33.3%
5—出色	8.3%

图 4-55　麻店鑫诚田园综合体特色文化产业发展现状指标占比
（山东工艺美术学院设计策略研究中心供图）

（1）5—出色（8.3%）：农业及科技发展优势

特色文化产业 + 农业

鑫诚田园综合体以现代观光农业为基础，将建成集现代农业、休闲旅游、婚庆摄影、康养中心、温泉养生、亲子度假、科普教育、奥特莱斯等于一体的田园综合体。依托自然资源和资源条件，发挥鑫诚

图4-56、57　鑫诚田园综合体智能温室及林下养殖

田园综合体生态资源禀赋和优势，麻店镇于2012年成立鑫诚现代农业科技示范园，目前有：

①特色作物标准化种植：建有荷兰智能温室、花卉智能温室、水培智能温室等35000平方米，及日光温室300亩，2000亩的欧盟有机果园，500亩的瓜果采摘园。

②机械化蔬菜生产示范基地：标准种植、净菜上市、订单销售等全新模式。

③林业、养殖业：3000余亩珍惜苗木园林，套种名贵药材与高效牧草，及林下养殖区养殖鹅2万余只，鸡5000余只，鸭1000余只。依托现代农业为基础的农业文化产业发展优势明显。

科技发展情况

①科技+设施农业

鑫诚现代农业科技示范园区，目前已实现35000平方米的智能温室都配备了综合环境控制系统，该系统可直接调节室内温、光、水、肥、气等诸多因素。温室目前已实现无土栽培和水肥一体化，且安装有黄色杀虫板，实现了果蔬的绿色、有机种植。300亩的日光温室，每座温室中都安装有远程监控系统和物联网系统，可以实现对温室内空气、土壤、光照、温度、湿度的检测。他们还运用"物联网"实现所有农产品全程安全可追溯，以科技手段发展设施农业的现状优势明显。

图 4-58、59　鑫诚田园综合体设施农业及无土栽培

②设立科研种植区

除依托科技手段发展设施农业外，鑫诚田园综合体与中国工程院束怀瑞院士等 8 名国内外专家签约合作，致力高端有机农产品研究，并设立了科研种植区。目前该田园综合体已引进神秘果、柠檬果、南果北种等 18 项技术，获得欧洲雄风人工扩繁系带束粉等八项国家级产业发明专利。他们实施自然农法繁育培植"新梨七号"，通过法国 ECOCERT 欧盟有机认证。"馨密三号"甜瓜糖度打破由 WRCA 认证的世界纪录，被评选为世界上最甜的甜瓜。

(2) 4—非常好（33.3%）：产业辐射及发展带动较好

产业辐射与就业带动

鑫诚田园综合体建立了"企业+贫困户""企业+村集体+农

图 4-60　法国 ECOCERT 欧盟有机认证

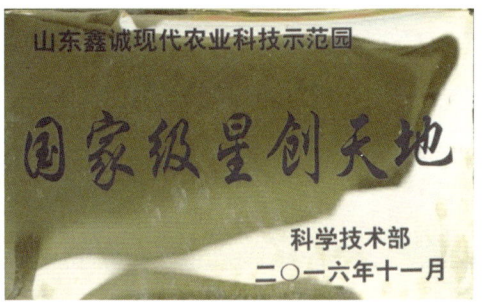

图 4-61、62　山东省院士工作站、国家级星创天地

户"利益联结机制，带动周边 1100 余户农民年均增收 22000 元，624 户贫困户实现稳定脱贫，15 个村集体收入全部稳定在 3 万元以上，辐射带动全县土地流转率达 56.3%。目前鑫诚田园综合体工作人员共计 800 余人，其中乡镇工作人员 200—300 人，从业人员年龄在 38—58 岁，月薪 2200 元左右，基本能够满足生活需求，产业辐射与就业带动较好。田园综合体全部建设完成投入使用后，产业辐射与就业带动将成倍扩大。

从业人员及人才储备与保障

鑫诚田园综合体目前管理岗位 200 余人，普通岗位 400 余人。公司于 2017 年经上级政府批准，设立山东鑫诚束怀瑞院士工作站，并与全国十几家农业高效及科研院所有着紧密合作。麻店镇建立了鑫诚乡村振兴学院，对农产品种养殖、农副产品深加工、电子商务和家庭服务业为重点对从业者开展培训，人才储备与保障现状较好，但未来全部建设完成后仍需引进大量的人才。

特色文化产业 + 乡村新兴服务业

鑫诚田园综合体不拘泥于传统的农业模式，而是将农业与休闲旅游、婚庆摄影、康养中心、温泉养生、亲子度假、科普教育、时尚购物、仓储物流、电子商务等新兴服务业进行融合发展。目前现代农业相关产业基础设施建设基本完成，其他产业业态在规划建设中。

目前已建成集休闲观光于一体的水上度假木屋数十座；完成养老

图 4-63、64 投入使用的圣哥帝湾温泉水世界

公寓一座；配备有各种娱乐设施的青少年水上训练中心；完成并投入使用占地 3 万平方米的圣哥帝湾温泉水世界；完成并投入使用鑫诚现代农业科技示范园。

萌宠乐园、生态餐厅、6 万平方米欧式婚庆广场、生态养生温泉、占地 9 万平方米的亲子王国度假区、青少年素质教育基地、农耕文化体验园、占地 400 余亩健康养老小镇、奥特莱斯休闲购物小镇等正在规划建设中。

(3) 3—好（37.5%）：以现代农业为基础的配套产业初步发展

此项指标所占比重最高，重点包含依托现代农业发展的乡村特色制造业、乡村文旅农业、乡村互联网业、乡村养老业等，以及鑫诚田园综合体发展所需要的政策扶持、资金支持及创意设计介入情况等。发展现状体现如下：①鑫诚田园综合体规划建设 12 个项目，分别是鑫诚现代农业科技示范园、圣哥帝湾温泉水世界、生态养生温泉、亲子王国度假区、青少年素质教育基地、农耕文化体验园、特色民宿—归园居舍、商旅酒店、欧式浪漫婚礼—婚庆广场、萌宠新天地—萌宠乐园、医养结合健康养老小镇、娱乐购物梦天堂—奥特莱斯，涵盖了乡村文旅农业、乡村养老业等产业，且部分项目已投入使用，全部建设完成后，有较好的发展前景。②特色文化产业＋乡村制造业，重点是农副产品的深加工、冷链及仓储项目。③乡村互联网的运用重点在设施农业管理、科研培训、人才服务保障平台建设、仓储物流等方面。④鑫诚田园综合体被评为省级田园综合体，资金支持及政府相关扶持政策较好。⑤公司配备了专门的策划设计部门，有专业的策划设计团队，创意设计介入情况较好。

（4）2—充分（16.7%）：田园综合体尚未建设完成，部分指标发展受限

目前圣哥帝湾温泉水世界拥有20余个娱乐项目，可同时容纳5000人，满足2000人就餐，日接待量能达2万人，能够提供300个就业岗位。目前已建成基础设施可接待住宿200—300人，基本能够满足目前试营业部分开放的状态，商旅酒店项目、生态餐厅项目正在建设中。因此，目前从业人员不是最佳状态，且住宿业、餐饮业暂时满足现状的需求。

鑫诚田园综合体积极发展订单农业，与阿里巴巴、乐村淘开展深度合作，产品销往北京、上海、广州等城市，出口日、韩等国家。因目前产品以瓜果蔬菜及养殖产品为主，产品深耕程度低，运输成本高，产品出口规模小，产品出口额比重较低。

（5）1—差（4.2%）：缺乏对乡村 IP 的挖掘与打造

发展较差所占比重最低，仅1项，为特色文化产业+乡村 IP。鑫诚田园综合体目前已注册使用"风车农庄"品牌标识，但是鑫诚田园综合体位于"鲁北古城、孙子故里"的滨州，对于当地乡土文化内涵的体验和挖掘几乎为零，缺少对乡村 IP 的挖掘与发展。

（二）麻店田园综合体特色文化产业资源禀赋情况

1. 二级指标情况

加权平均后进行指数标准化，得出麻店鑫诚田园综合体特色文化产业资源禀赋的二级指标得分结果，与调研村综合分数 F 进行对比：

表 4-10　麻店鑫诚田园综合体特色文化产业资源禀赋
二级指标及综合分数情况

二级指标	加权平均数	指数标准化	调研村综合分数 F
文化地理资源 B1	3.5	0.7	0.6
特定文化资源 B2	2.6	0.47	0.575
文化涵化与濡化 B3	3.1111	0.72	0.712
文化生态位 B4	3.6666	0.73	0.667

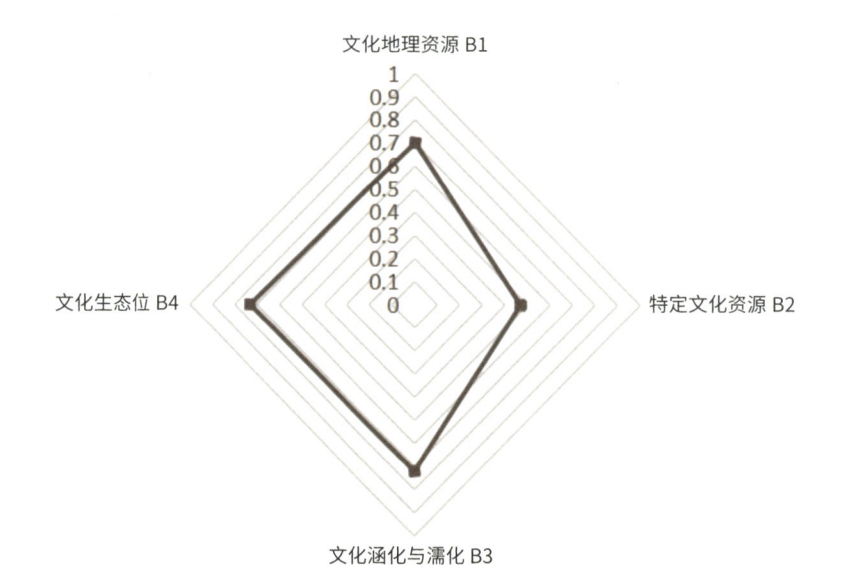

图 4-65　麻店鑫诚田园综合体特色文化产业资源禀赋二级指标
（山东工艺美术学院设计策略研究中心供图）

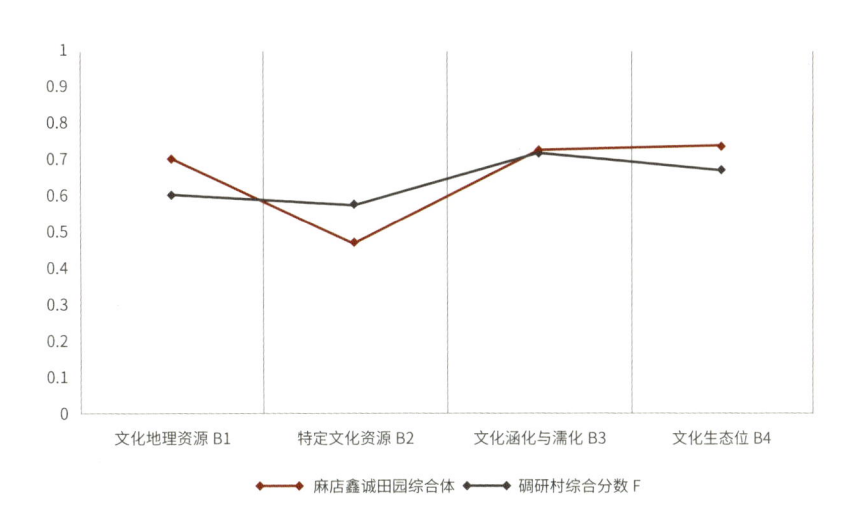

图 4-66　麻店鑫诚田园综合体特色文化产业资源禀赋二级指标对比情况
（山东工艺美术学院设计策略研究中心供图）

从产业资源禀赋 B 的二级指标雷达图中可以看出，文化地理资源 B1、文化涵化与濡化 B3、文化生态位 B4 三者发展总体平衡，但特定文化资源 B2 呈现出明显较差趋势，是发展短板；与综合分数 F 的对比折线图显示，B1、B3、B4 均与平均水平持平或略高于平均水平，而 B2 明显与平均水平相差甚远，说明该村文化传承人、稀缺性与知名度、历史文化、文化遗产、等特定文化资源较其他调研村相对较差，为文化产业未来发展的资源禀赋短板。

2. 三级指标情况

鑫诚田园综合体位于麻店镇内，此部分鑫诚田园综合体文化产业的资源禀赋情况将结合麻店镇的资源禀赋情况进行现状的综合阐述。

通过鑫诚田园综合体特色文化产业资源禀赋发展现状雷达图及现状指标占比得出，鑫诚田园综合体指标集中在"2—充分、3—好、4—

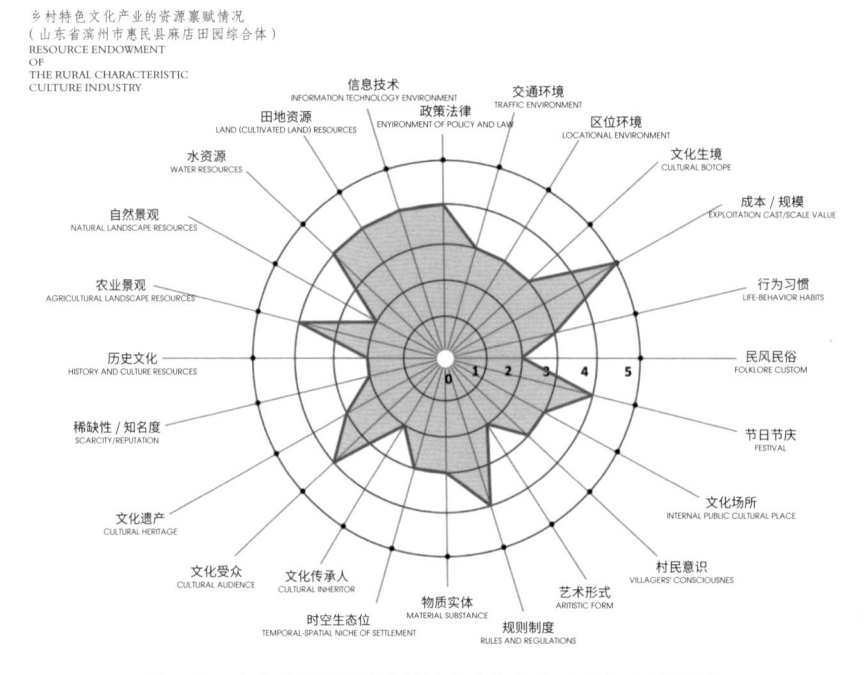

乡村特色文化产业的资源禀赋情况
（山东省滨州市惠民县麻店田园综合体）
RESOURCE ENDOWMENT OF THE RURAL CHARACTERISTIC CULTURE INDUSTRY

图 4-67　麻店鑫诚田园综合体特色文化产业资源禀赋发展现状
（山东工艺美术学院设计策略研究中心供图）

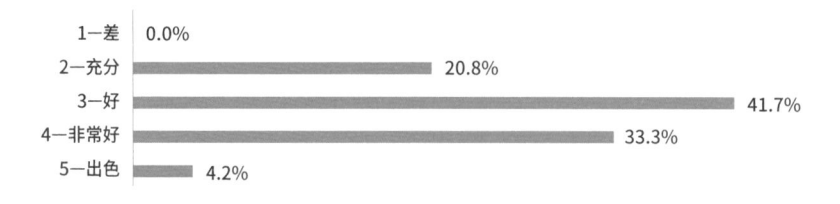

1—差　0.0%
2—充分　20.8%
3—好　41.7%
4—非常好　33.3%
5—出色　4.2%

图 4-68　麻店鑫诚田园综合体特色文化产业资源禀赋发展现状指标占比
（山东工艺美术学院设计策略研究中心供图）

非常好"三个层级，且以"3—好"层级所占比重最高，"4—非常好"次之，且"1—差"层级为零，因此资源禀赋现状较好，具体发展现状如下：

表 4-11 鑫诚田园综合体特色文化产业资源禀赋情况表

资源禀赋等级	资源禀赋指标	资源禀赋现状说明
出色 (1项)	规模价值	占地 15000 亩，计划投资 16.7 亿元，带动周边 1100 余户农民年均增收 22000 元，624 户贫困户实现稳定脱贫，15 个村集体收入全部稳定在 30000 元以上，辐射带动全县土地流转率达 56.3%，规模价值高
非常好 (8项)	田（耕）地资源	麻店镇耕地资源 6.4 万余亩，对于鑫诚田园综合体后期的开发建设提供很好的土地支撑资源
	水资源	①麻店镇位于黄河下游，地处黄河三角洲腹地； ②地热温泉：取自地下 1500 米，出口水温达 56 摄氏度，富含偏硅酸、氟、碘、溴、锂、锶等 30 多种对人体有益的矿物质微量元素
	农业景观资源	①麻店镇：4.2 千米济滨东高速两侧温室大棚现代农业景观带； ②鑫诚田园综合体内：35000 平方米智能温室大棚，及 2000 亩的欧盟有机果园，500 亩的瓜果采摘园，3000 余亩珍惜苗木园林等农业景观资源
	文化受众	目前麻店镇成立院士工作站 1 个，招引博士研究生 2 名、硕士研究生 5 名，申报省突出贡献中青专家 1 名；完善乡村优秀人才库，储备村级能人 136 名
	规则制度	企业相关规章制度，及农业种植相关制度标准基本健全
	节日节庆	农民运动会、农民文化节、西瓜瓜王大赛等

续表

资源禀赋等级	资源禀赋指标	资源禀赋现状说明
非常好 (8项)	政策法律环境	先后获得市级现代农业示范园、全国休闲农业与乡村旅游四星级示范创建企业、省级高新技术企业、山东省林业龙头企业、农业产业化省级重点龙头企业、2018年省级鑫诚田园综合体等，政策法律环境良好
	信息技术环境	同一部分产业现状，科技发展情况的现状说明
好 (7项)	文化遗产	目前有大郭村大盖遗址、惠民沟遗址、魏集古镇、孙武古城等
	聚落时空生态位	地理位置适宜，耕地资源充足，适合以现代农业为核心的鑫诚田园综合体的打造
	集市、舞台等物质实体	①集市：镇上集市共5—6个，每隔5千米1个； ②舞台：全镇共72个自然村，广场、体育活动设施、乡村图书馆、乡村记忆博物馆等文化设施建设基本齐全
	内部公共文化场所	
	文化生境	位于"鲁北古城、孙子故里"滨州，处于中国兵圣孙子文化旅游开发中轴线的中部
	地理区位环境	位于惠民县滨惠大道北侧，交通便利，周边2小时经济圈辐射近5000万人口（涵盖滨州、德州、东营、济南、淄博等地），高铁1.5小时内可达北京、天津等区域，地理区位环境及交通环境较好
	交通环境	
充分 (5项)	历史文化	所在区域为中国兵圣孙子的故里，历史文化资源禀赋充分
	知名度	鑫诚田园综合体处于建设期，部分区域今年开放，知名度不够
	文化传承人	弱相关

续表

资源禀赋等级	资源禀赋指标	资源禀赋现状说明
充分 (5项)	艺术形式	①特色民俗：惠民手扎灯笼、泥塑等；
	民风民俗	②民俗小吃/地方剧种：武定府酱菜，东路梆子、秧歌、踩鼓刘制鼓（魏集制鼓）等； ③民间故事传说：东方朔传说等

（三）麻店鑫诚田园综合体特色文化产业与人的全面发展之间的关系

1. 二级指标情况

加权平均后进行指数标准化，得出麻店田园综合体特色文化产业与人的全面发展之间关系的二级指标得分结果，与调研村综合分数 F 进行对比：

表 4-12　麻店田园综合体特色文化产业与人的全面发展关系
二级指标及综合分数情况

二级指标	加权平均数	指数标准化	调研村综合分数 F
收入与消费 A1	2.625	0.65	0.685
乡村文化环境 A2	3.4	0.65	0.686
文化生活参与 A3	2.75	0.63	0.709
主观幸福感 A4	3.1428	0.55	0.637

从产业与人的全面发展的关系 A 的二级指标雷达图中可以看出，收入与消费 A1、乡村文化环境 A2、文化生活参与 A3、主观幸福感 A4 四者发展总体平衡，其中主观幸福感 A4 指数相对偏低；与综合分数 F 的对比折线图显示，A1、A2、A3、A4 均低于平均水平，但 A3、A4 明显与平均水平相差较大，说明该村产业发展尚未成熟，与人的

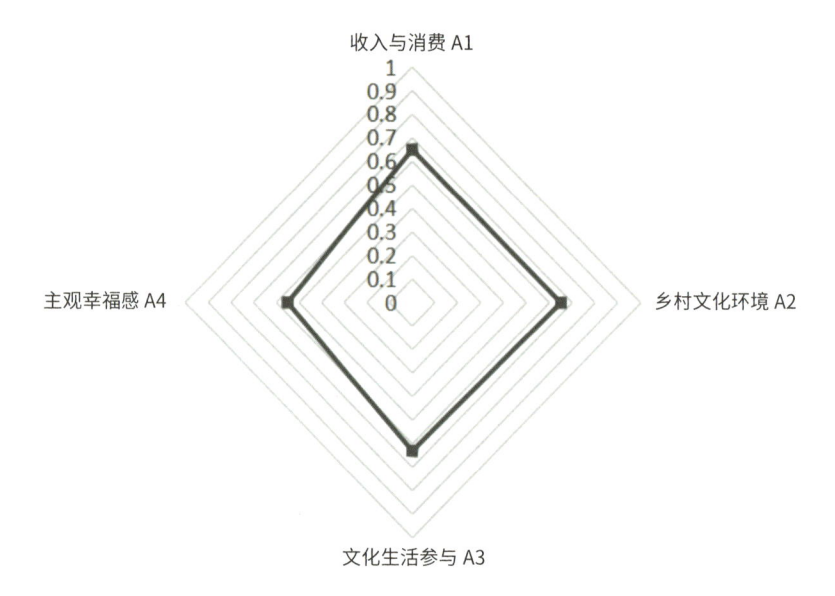

图 4-69　麻店鑫诚田园综合体特色文化产业与人的全面发展关系二级指标
（山东工艺美术学院设计策略研究中心供图）

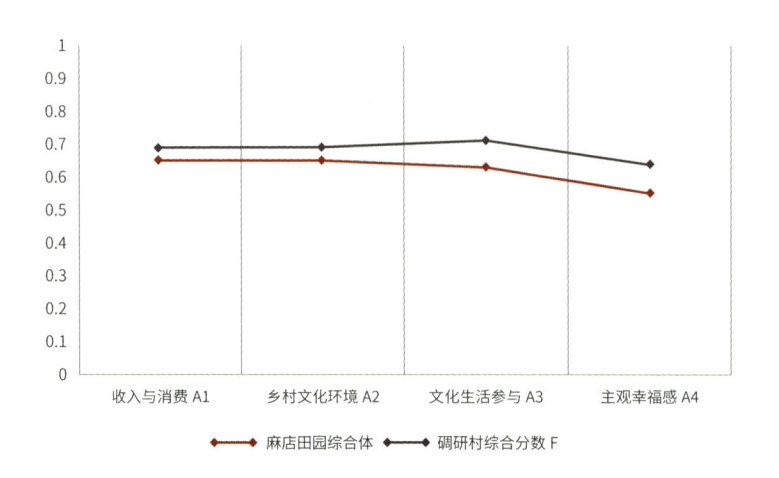

图 4-70　麻店鑫诚田园综合体特色文化产业与人的全面发展关系二级指标对比情况
（山东工艺美术学院设计策略研究中心供图）

全面发展之间的关联程度普遍较低，尤其在文化生活参与方面及带给人们的主观幸福感方面发展相对较弱，存在文化休闲参与差、文化休闲活动少、村民休闲时间不足等情况。文化产业未来发展更应注重人们的放松感、获得感、自我成就感、文化认同感等主观幸福感因素的提升。

2. 三级指标情况

鑫诚田园综合体 2019 年 6 月 18 日部分开始对外营业，目前已经建设完成项目有鑫诚现代农业科技示范园、圣哥帝湾温泉水世界，其余项目如生态养生温泉、亲子王国度假区、农耕文化体验园、萌宠乐园等处于建设期，尚未产生经济效益。因此提供的就业机会、渠道，以及带来的产业收入等指标发展尚不突出。

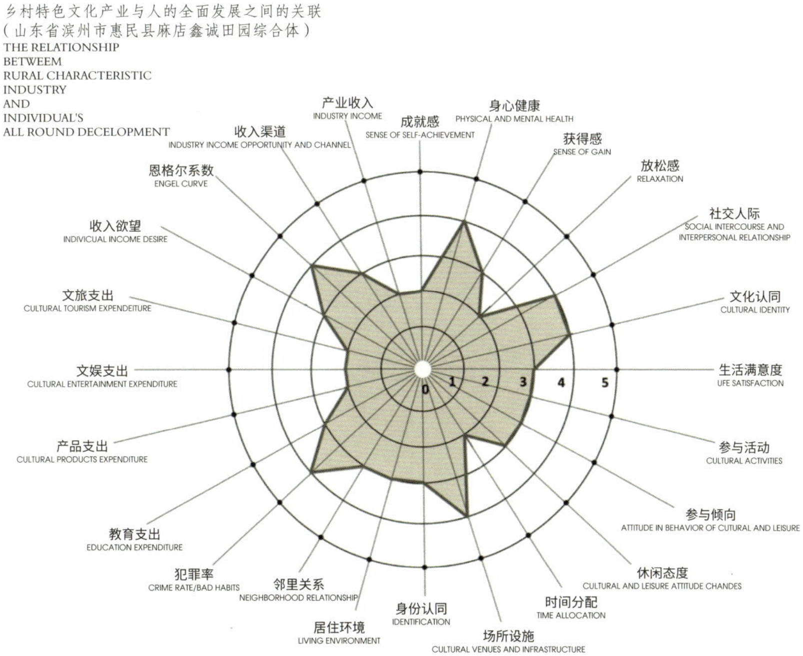

乡村特色文化产业与人的全面发展之间的关联
（山东省滨州市惠民县麻店鑫诚田园综合体）
THE RELATIONSHIP BETWEEM RURAL CHARACTERISTIC INDUSTRY AND INDIVIDUAL'S ALL ROUND DECELOPMENT

图 4-71　鑫诚田园综合体特色文化产业与人的全面发展之间的关联现状
（山东工艺美术学院设计策略研究中心供图）

```
1—差     0.0%
2—充分                                         37.5%
3—好                                           37.5%
4—非常好                       25%
5—出色    0.0%
```

图 4-72　鑫诚田园综合体特色文化产业与人的全面发展之间的关联现状指标占比
（山东工艺美术学院设计策略研究中心供图）

通过鑫诚田园综合体特色文化产业与人的全面发展之间的关联现状指标占比分析得出，目前产业与人的全面发展之间的关联现状整体较好，处于"2—充分"及以上的层级，且比重较为均匀，以"2—充分、3—好"两项所占比重最高，达75%。此项指标"1—差"及"5—出色"指标现状都为零，未来综合体建成全部投入使用后，产业的发展与人的全面发展之间的关联将会更加紧密，有提高的发展空间，具体现状如下：

（1）25%的"4—非常好"指标

表 4-13

恩格尔系数	犯罪率/不良嗜好
文化娱乐常所、配套设施提供	文化认同感
社会交往与人际关系	生理、精神健康状况

得益于稳定的产业收入，工作及学习机会增多，村民手头上的活多了，收益提高了，犯罪率大大下降。随着村里文化娱乐场所、配套设施的逐步完善，政府倡导开展的休闲娱乐活动也越来越多，人们用于休闲娱乐活动的支出逐步增加，相对比食品支出占个人消费支出总额的比重降低，恩格尔系数指标发展良好。村风文明，村貌整洁。

(2) 37.5%的"3—好"指标

表 4-14

产业收入机会与渠道	个体收入欲望
教育消费支出	文化休闲态度变化
文化休闲参与活动	参与倾向演变
获得感	自我成就感
整体生活满意度	

鑫诚田园综合体的建立给麻店镇村民提供了更多的就业机会,增加了村民的个体收入。麻店镇打造了"乡村记忆博物馆"、农耕文化馆,实施乡村道德教化工程,创建了一批文化长廊,建成了一批文化大院,丰富了村民的文化生活,改善了村民的休闲娱乐环境。村民学习有条件、工作有平台、生活有依托、发展有机会,因此特色文化产业的发展促使村民对整体生活的满意度提高,有较好的获得感与自我成就感。

(3) 37.5%的"2—充分"指标

表 4-15

产业收入状况	文化旅游消费支出
文化娱乐消费支出	文化产品消费支出
邻里关系	居住环境
身份认同	时间分配及占比
放松感	

鑫诚田园综合体工作人员共计800余人,工人月薪2200元左右,工作时长8小时,基本能够满足生活需求,日常娱乐时间较少。他们

的娱乐活动以村里日常广场舞、健身活动等为主。因此其产业收入、产品支出、文旅支出、文娱支出、时间分配及占比、放松感与成就感等，基本处于充分的现状。

三、麻店鑫诚田园综合体发展特色文化产业打造"齐鲁样板"的基础及短板

综合第二部分对鑫诚田园综合体产业发展现状、资源禀赋现状、产业与人的全面发展之间的关联三部分的调研现状概述，及鑫诚田园综合体产业发展现状综合指标占比情况，其产业发展现状呈现以下几个特点：第一，从整体上看，产业现状综合指标占比最高为"3—好"层级，且与"4—非常好"相差不大，而"1—差"层级指标占比较低，趋于零，因此产业发展现状整体较好，且有较好的发展前景与提升空间。第二，产业现状方面，两端"1—差、5—出色"占比较小，与中间三个层级形成明显的差异，意味着鑫诚田园综合体文化产业发展基础较好，但仍有需要解决的问题，且发展机会广泛。第三，产业资源禀赋方面，中间三个层级分布比较均匀，且中间三个层级的指标总数几乎占据资源禀赋指标的全部，"1—差"层级为零，"5—出色"层级指标数量为1，因此综合体产业发展资源禀赋较高，且目前的资源禀赋开发程度有待提高。第四，产业与人的全面发展之间的关联方面，现状指标全部位于中间三个层级，两端的指标现状为零，且中间三个层级指标比重占比均匀，因此产业与人的全面发展之间的关联基础较好，但是并没有达到最佳的发展状态，"5—出色"层级指标仍为空缺。具体鑫诚田园综合体发展特色文化产业打造"齐鲁样板"基础及短板分析如下。

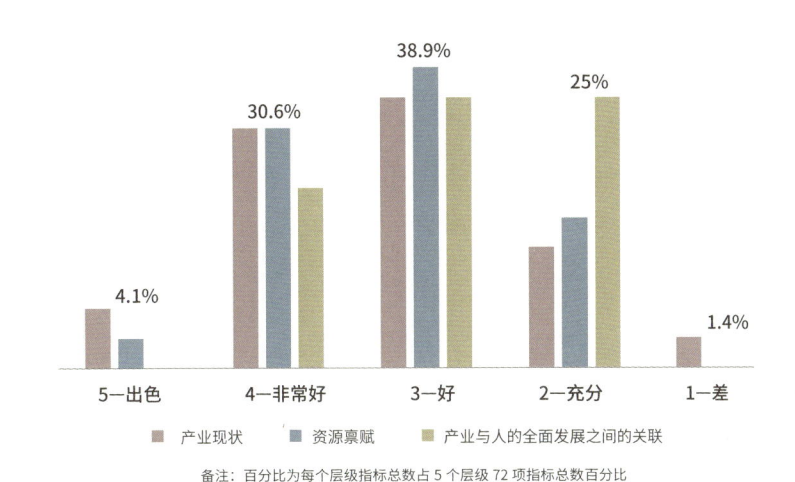

图 4-73　鑫诚田园综合体产业发展现状综合指标占比
（山东工艺美术学院设计策略研究中心供图）

（一）优势（Strengths）

1. 聚落时空生态位合理

聚落时空生态位是指某一人类聚居和生活的场所，在时间空间所占据的位置与其周围环境之间的功能关系与作用。

第一，地理方位优越合理。鑫诚田园综合体位于省级历史文化名城孙武故里，黄河三角洲腹地，有充足的耕地资源，交通便利，周边2小时经济圈辐射近5000万人口（涵盖滨州、德州、东营、济南、淄博等地），辐射带动性强。第二，农业基础条件优越。麻店镇农业为当地优势产业，农业基础设施完备，区位条件优越。麻店镇具有近70家农村合作社，村级能人136名，农民合作组织比较健全。山东鑫诚现代农业科技有限责任公司作为投资企业，带动性强，与村集体组织、农民及农民合作社建立了比较密切的利益联结机制。第三，投融资机制合理。鑫诚田园综合体的建设，采用政府和企业资本的合作，且撬

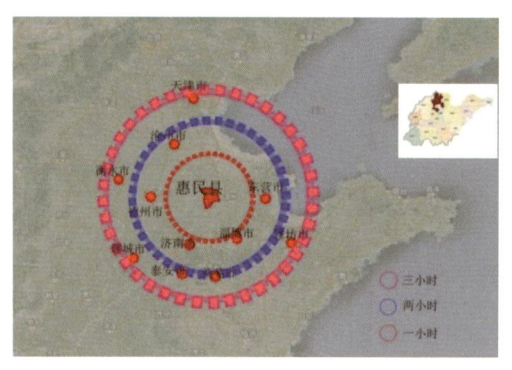

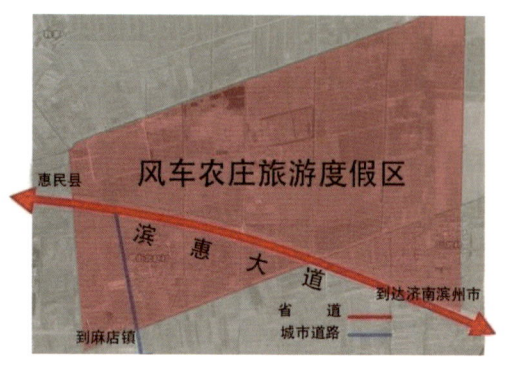

图 4-74、75　鑫诚田园综合体地理区位及交通区位图

动金融和社会资本投向鑫诚田园综合体建设。第四，政府措施有力。鑫诚田园综合体在规划建设过程中，地方政府在用地保障、基础设施用地、财政扶持、科技创新应用、人才支撑等给予合理的支持。第五，生态环境友好。麻店镇践行绿色发展理念，积极推进山水田林湖等整体保护。

2. 产业业态建设齐全，一二三产业协同发展

鑫诚田园综合体以现代观光农业为基础，涉及设施农业种植、林下养殖、农副产品生产加工、休闲养生、生态旅游、时尚消费等各个环节及其功能，具有综合性、循环性、标准性、迭代性、集约化的特点。根据各区域的功能可以分为综合服务区、颐和温泉小镇区、N度幸福区等九个区域。每个区域涵盖了一二三产业不同的产业业态，以农业生产链互相连接、互相契合，相对独立又相辅相成，形成互利共生、优势互补的有机鑫诚田园综合体，实现一二三产业协同发展。

3. 产业发展重视科技创新引领

鑫诚田园综合体的建设，从智能温室、日光室等农业基础设施的建立，用"物联网"实现所有农产品全程安全可追溯，到构建科研平台体系，与中国工程院束怀瑞院士等 8 名国内外专家签约合作，致力高端有机农产品研究，体现了其重视农业科技创新研究与应用。此外，他们还设立了科研种植区，通过市场需求凝练技术需求，实现产学研的真正融合。

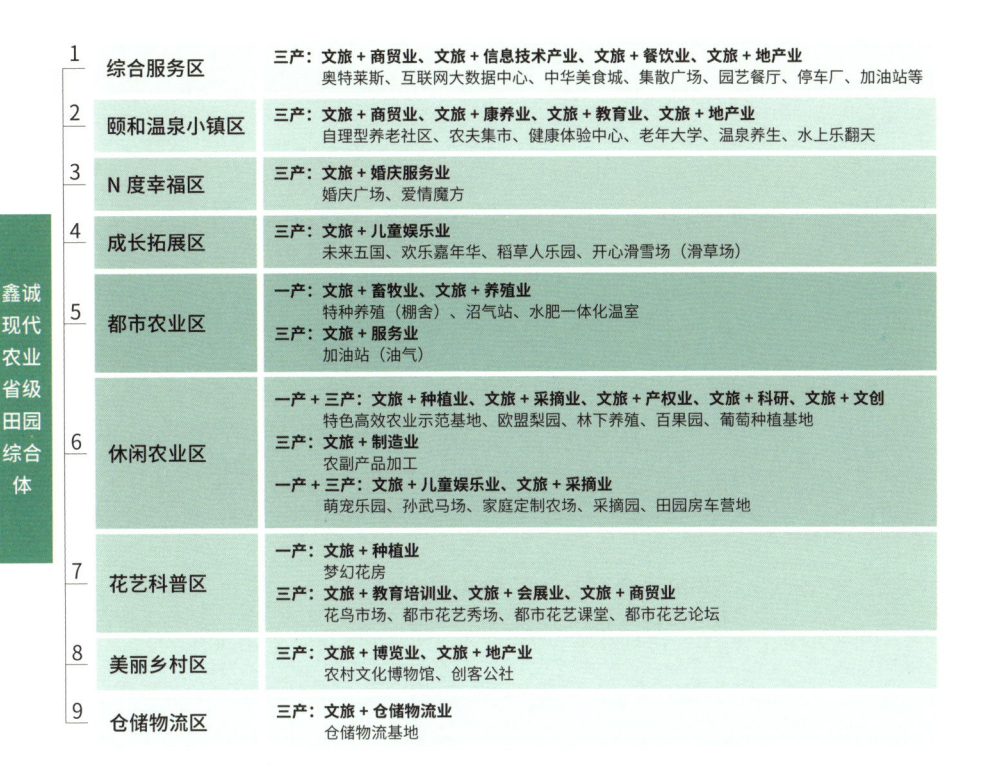

鑫诚现代农业省级田园综合体	1 综合服务区	**三产：文旅+商贸业、文旅+信息技术产业、文旅+餐饮业、文旅+地产业** 奥特莱斯、互联网大数据中心、中华美食城、集散广场、园艺餐厅、停车厂、加油站等
	2 颐和温泉小镇区	**三产：文旅+商贸业、文旅+康养业、文旅+教育业、文旅+地产业** 自理型养老社区、农夫集市、健康体验中心、老年大学、温泉养生、水上乐翻天
	3 N度幸福区	**三产：文旅+婚庆服务业** 婚庆广场、爱情魔方
	4 成长拓展区	**三产：文旅+儿童娱乐业** 未来五国、欢乐嘉年华、稻草人乐园、开心滑雪场（滑草场）
	5 都市农业区	**一产：文旅+畜牧业、文旅+养殖业** 特种养殖（棚舍）、沼气站、水肥一体化温室 **三产：文旅+服务业** 加油站（油气）
	6 休闲农业区	**一产+三产：文旅+种植业、文旅+采摘业、文旅+产权业、文旅+科研、文旅+文创** 特色高效农业示范基地、欧盟梨园、林下养殖、百果园、葡萄种植基地 **三产：文旅+制造业** 农副产品加工 **一产+三产：文旅+儿童娱乐业、文旅+采摘业** 萌宠乐园、孙武马场、家庭定制农场、采摘园、田园房车营地
	7 花艺科普区	**一产：文旅+种植业** 梦幻花房 **三产：文旅+教育培训业、文旅+会展业、文旅+商贸业** 花鸟市场、都市花艺秀场、都市花艺课堂、都市花艺论坛
	8 美丽乡村区	**三产：文旅+博览业、文旅+地产业** 农村文化博物馆、创客公社
	9 仓储物流区	**三产：文旅+仓储物流业** 仓储物流基地

图 4-76　鑫诚田园综合体功能分区及产业业态分析
（山东工艺美术学院设计策略研究中心供图）

（二）劣势（Weaknesses）

1. 产业链条注重横向扩张，缺乏纵向延伸

目前鑫诚田园综合体的农业发展现状，停留在设施农业的大面积种植，通过高科技增加绿色有机农业的量产，横向增加了数量。纵向延伸来讲，从一产的种植延伸到二产农产品的加工，加工环节以产品分拣、清洗、加工、包装、冷藏等粗放型加工流程为主，加工成品通过仓储物流直接进行销售，尚无产品的精细化加工。换言之，现阶段鑫诚田园综合体的产业发展做到了智慧农业、认证农业、订单农业、设施农业、部分品牌农业，但是深耕产业链的创意农业尚未涉及发展，产业链条的打造仍是未来产业发展面临的问题。

2. 缺少田园综合体 IP 的打造，不能形成有效的差异化竞争

IP 是具备原创性、衍生性、唯一性、互动性的一种意识形态，而

鑫诚田园综合体的 IP 是能够代表鑫诚田园综合体特点的独特的文化符号。一个强大的田园综合体 IP 能够引领各产业业态，并充当各产业业态、功能分区，以及鑫诚田园综合体与游客、村民之间的黏合剂，使消费者能够快速认知，并且取得信任。在商品销售中，能够产生更多的溢价，取得更高的产品之外的附加值。目前鑫诚田园综合体的建设及规划无核心 IP 的打造，停留在基础设施建设方面，不能形成有效的差异化竞争。

3. 文化产业业态布局全面，缺乏整体品牌意识

目前鑫诚田园综合体的建设及规划，文化产业业态布局全面，虽然注册了风车农庄的标识，但是对于鑫诚田园综合体整体的打造、建设、推广及应用的方面，缺乏整体的品牌意识，以及深层次的品牌规划。

（三）机会（Opportunities）

1. 国家对田园综合体建设的支持，政策环境好

2017 年 2 月 5 日，"田园综合体"作为乡村新型产业发展的亮点措施被写进中央一号文件。2017 年 5 月 24 日，财政部发布《关于开展田园综合体建设试点工作的通知》，确定河北、山西等 18 个省份开展田园综合体建设试点。中央财政从农村综合改革转移支付资金、现代农业生产发展资金、农业综合开发补助资金中统筹安排，支持试点工作。在政策措施方面，地方政府积极性高，在用地保障、财政扶持、金融服务、科技创新应用、人才支撑等方面有明确举措，水、电、路、网络等基础设施完备。良好的政策环境及资金配套措施，给田园综合体未来的发展提供了良好的发展机会空间。

2. 消费需求升级，市场前景广阔

田园综合体以公司化运作的方式运营，融合农业形态、体验经济形态、知识经济形态、创意经济形态等多种经济形态，连接城市和乡村，帮助农村的产业更加集中，拉动就业的同时，将城市的人口消费群体吸引进来，打破之前城市和乡村二元化的结构。从城市居民休闲消费角度分析，2018年，居民一天的休闲娱乐时间为1小时5分钟，比2008年增加了25分钟。十年间，我们的休闲时间在增加。而作为休闲的一个重要方式，旅游也在这十年间走进了千家万户的生活当中。据国家统计局数据显示，2018年中国国内游客出游55.4亿人次，这一数据是2008年17.1亿人次的3倍还要多；2018年中国居民出境人数达1.62亿人次，而在2008年只有4584万人次。人们对于旅游的需求越来越多样化，导致我国旅游消费升级、景区发展升级等，整个旅游产业面临转型大融合，而在此背景下萌生的"旅游综合体"的开发模式，成为旅游产业或区域经济发展的主导模式。与此同时，国民休闲度假需求进一步增长，内需扩大、经济增长方式转变，新型城镇化与新型农业成为中国未来经济发展的战略支点。而"田园综合体"则横跨推进中国新型城镇化发展与中国休闲旅游经济发展两个领域，连接城市和乡村，将成为今后休闲农业和乡村旅游发展的大方向，市场前景广阔。

四、麻店鑫诚田园综合体发展特色文化产业打造"齐鲁样板"发展路径

（一）产业路径：加强产业链条的纵向延伸，打造立体产业链条

第一，从产业发展路径看，鑫诚田园综合体应从横向设施农业的

大面积种植＋高科技增加量产的现状，向纵向种植的产业链条进行延伸。如，欧盟有机认证的新梨七号，在农业体验＋农业采摘＋有机认证的基础上，与授权业相结合，将梨子进行精细加工，梨汁、梨叶由低层级食品开发发展成为我们日常用的面膜、香水，或服装、玩具等商品化体系进行研发。第二，从产业发展的横向层面，将链条的每个环节做精、做长。如，将有机认证梨的种植配套产品，如肥料、土、喷雾剂等进行包装化，授权买卖。如此，横向产业链条做广做细的同时，纵向链条做长做深，形成立体的产业链条，吸引更多的富余劳动力，产生更有价值的文化产品，才能吸引更多的消费者前来，把更多的商品化、产业化的东西外溢出去。

（二）文化路径：打造鑫诚田园综合体文化IP，增强品牌意识

鑫诚田园综合体目前整体的产业布局较完善，但在未来规划中缺乏系统的品牌形象，且品牌意识不强。从核心竞争力来讲，也不具有能够代表鑫诚田园综合体的IP，这样打造出的鑫诚田园综合体与其他以现代农业为基础的田园综合体无差异，从长远来看不具有竞争优势。第一，以品牌文化塑造企业形象。品牌是识别产品并和竞争对手实现差异化的符号，鑫诚田园综合体未来在"风车农庄品"牌标识的基础上，加强对其品牌的系统规划及应用。第二，以综合体文化IP，打造综合体产业发展的核心竞争力，实现经济效益的更高附加值。如，粉皮肤、长鼻子的小猪佩奇，通过高辨识度、故事内容营销，从影视作品开发，延伸到绘本、玩具、服饰、水杯、书包等无数产品领域，预计2020年小猪佩奇衍生品的零售额将超过20亿美元。所以，鑫诚田园综合体IP是一种无形资产，源于综合体内容又高于内容，未来需要从乡土文化中，挖掘出能够代表鑫诚田园综合体、辨识度高的IP

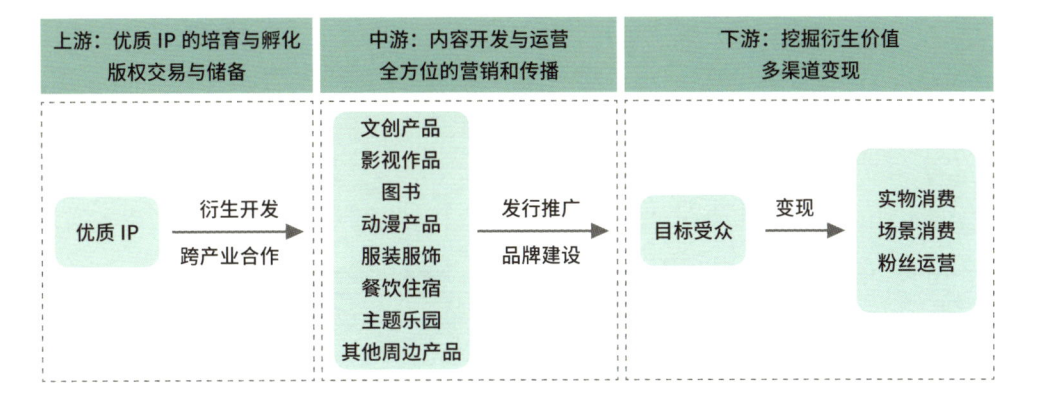

```
上游：优质 IP 的培育与孵化        中游：内容开发与运营              下游：挖掘衍生价值
     版权交易与储备                全方位的营销和传播                  多渠道变现
```

| 优质 IP | →衍生开发 跨产业合作→ | 文创产品 影视作品 图书 动漫产品 服装服饰 餐饮住宿 主题乐园 其他周边产品 | →发行推广 品牌建设→ | 目标受众 | →变现→ | 实物消费 场景消费 粉丝运营 |

图 4-77　IP 产业链条（山东工艺美术学院设计策略研究中心供图）

内容，使之嵌入各产业链条的各个环节，让综合体各种产业业态以统一、鲜活的形象与市场需求、人民需求对接，促进各产业业态联动发展，多渠道变现，收获更多的衍生价值，从而品牌形象才会更深刻更长久。

（三）发展路径：发展农业授权业

授权业是一个经营的概念，是将原创性的文化或文化产品进行创造复制，并对其所蕴含的知识产权进行授权开发和利用，形成多元文化产品的过程。发展农业授权业，可以依托现有的欧盟认证产品，进行植物育种标准、有机肥料生产标准、植物培育过程的生产标准，以及果实的加工生产标准等的制定,将此标准或标准内容作为授权内容，授权给符合标准的合作商使用,推进文化价值和经济价值的不断生成、增值、流通和汇集，从而辐射更多的产业业态，提供更多的就业岗位，形成更为广泛、更为延长的产业价值链条。而授权内容在授权使用的过程中，其所承载的知识产权经过产权交易、创意设计等具备了价值

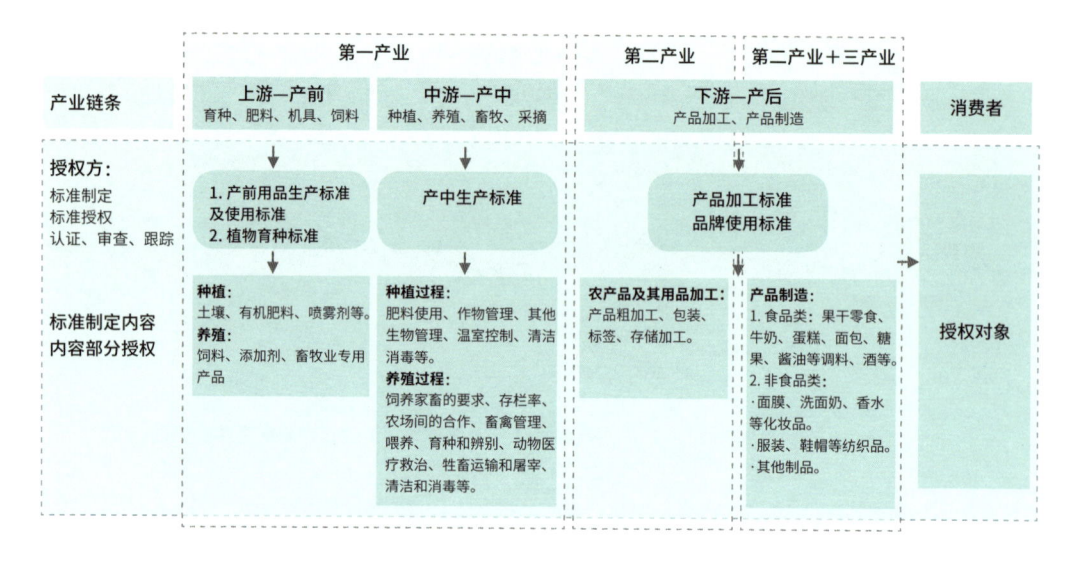

图 4-78　农业产业链（以种植业、养殖业为主）及授权内容框架研究
（山东工艺美术学院设计策略研究中心供图）

扩张力，延伸了文化产业的价值链条，从而实现品牌 DNA 的扩张和强化。

（四）人才发展路径：加强创新型人才培育与引进

鑫诚企业目前虽然建立了鑫诚乡村振兴学院，有一定的人才储备与引进措施，但因地理位置、工作环境、工作条件以及城乡户籍、社保等相关的差异，鑫诚田园综合体的发展又面临较大的人才需求量，创新型人才的培育与引进仍然是未来产业发展的重要因素。在原有人才引进与培养的基础上，以政府为引导，以企业为主体，以产业需求为出发点，引导多家企业合作成立人才服务公司，根据年龄、学历、职业等对人才分类，由人才选岗认岗，同时为人才创业发展提供有效的政策及资金扶持，形成企业与人才、政府与人才、企业与企业之间关于人才的多项互动与流通，解决乡镇产业发展的人才问题，同时促进综合体与乡镇产业的融合发展。

（五）实施路径：以农民为主体，加强农村服务体系建设

鑫诚田园综合体是以农业为根本，以农民充分参与和受益为前提，是以农业合作社为主要建设主体，以农业和农村用地为载体，融合旅游业、制造业、商贸、娱乐、博览、地产、科研、教育培训等多种产业业态，具有多功能性、复合性、创新性。因此鑫诚田园综合体的建设离不开"农民"主体。在吸纳高层次人才的同时，需要加强农村服务体的建设，培育新型农民和职业农民。第一，设立农村发展基金，鼓励返乡创业村民、大学生及在外务工人员返乡工作或创业。第二，使农民通过培训学习，成为符合现代农业发展需要的现代人才，改变农民做后勤、清洁类工作的性质，提高其积极性，从而缓解目前人才缺乏的现状。第三，积极鼓励有条件的村民、农业大户通过鑫诚田园综合体的技术授权，进行承包式独立运营。第四，积极发挥村、镇政府及农业服务组织作用，通过政策鼓励、技术培训、资金支持等方式提高服务功能，为产业发展做好实施路径的保障。

图书在版编目（ＣＩＰ）数据

乡风齐鲁：山东乡村文化振兴"齐鲁样板"调研报告 / 潘鲁生主编. -- 北京：中国文联出版社，2021.11
ISBN 978-7-5190-4656-9

Ⅰ. ①乡… Ⅱ. ①潘… Ⅲ. ①农村文化－文化事业－建设－调查报告－山东 Ⅳ. ①G127.52

中国版本图书馆 CIP 数据核字(2021)第 190887 号

主　　编	潘鲁生
责任编辑	张凯默
责任校对	陈　雪
封面设计	XXL Studio
排版制作	鲁明静　王　巍

出版发行	中国文联出版社有限公司
社　　址	北京市朝阳区农展馆南里 10 号　　邮编：100125
电　　话	010-85923025（发行部）　010-85923091（总编室）
经　　销	全国新华书店等
印　　刷	北京雅昌艺术印刷有限公司

开　　本	710 毫米×1000 毫米　　1/16
印　　张	15.75
字　　数	190 千字
版　　次	2021 年 11 月第 1 版第 1 次印刷
定　　价	86.00 元

版权所有 · 侵权必究
如有印装质量问题，请与本社发行部联系调换